DIE STIFTSKIRCHE ZU QUEDLINBURG

Eine Führung durch den romanischen Sakralbau und den Domschatz

DIE STIFTSKIRCHE ZU QUEDLINBURG

*Eine Führung durch
den romanischen Sakralbau
und den Domschatz*

*Fotografien von Rosemarie Radecke
Text von Friedemann Goßlau*

Autor und Verlag danken
dem Landesamt für Denkmalpflege Halle,
das die 1906 angefertigten Aquarelle der Gewölbemalereien zur Verfügung stellte
und deren Publikation unterstützte.

Danken möchte ich an dieser Stelle allen,
die mir beim Entstehen dieses Buches geholfen haben:
Frau Dr. Seyderhelm für die Erstellung des Glossars und ermutigende Begleitung bei der Texterarbeitung,
Frau Margit Reitzammer für wichtige Hinweise,
Herrn Diakon Werner Bley für die Zuarbeit des Archivmaterials,
Frau Gabriele Unger und Herrn Hubert Loeser für anregende und hilfreiche Gespräche,
Herrn Reinhard Carstens für Korrekturarbeiten.

Friedemann Goßlau

Herausgeber:
CONVENT-VERLAG, Quedlinburg

© Alle Rechte bei den Autoren, dem CONVENT-VERLAG
und dem Landesamt für Denkmalpflege, Halle/Saale (für die Kopien der Wandmalereien in der Krypta der Quedlinburger Stiftskirche)

Jede Verwertung außerhalb der engen Grenzen des Urheberrechts bedarf der Zustimmung des Verlages und der Autoren.

Fotografie: © Rosemarie Radecke, Hannover; © Ann Münchow, Aachen (Seite 94, 95 - Innenseiten des Samuhel-Evangeliars; Seite 104 - Korporalienkasten)
Layout und Einbandgestaltung: © SIGNA Graphic Design Atelier Fischer, Quedlinburg
Gesamtherstellung: Quedlinburg DRUCK GmbH

ISBN 3-9806120-7-4

Inhaltsverzeichnis

Vorwort	7
Geleitwort	9
Quedlinburger Abschied	11
Raumerfahrungen	15
Das Langhaus	16
Die Krypta	20
Ein authentisches Heiligengrab	25
Die Sprache der Steine	27
Bauornamentik im Langhaus	29
Bauornamentik in der Krypta	33
Die Gewölbemalerei in der Krypta	37
Die Geschichte von Susanna und dem Richter Daniel	40
Das salomonische Urteil	60
Die Speisung der Fünftausend	64
Weitere Malereien	72
Der Domschatz	91
Die Kunstwerke im Hohen Chor	107
Der Quedlinburger Knüpfteppich	115
Glossar	121
Anmerkungen/ Literaturverzeichnis	125

*Es gibt einen Ort im Königreich der Sachsen
mit Namen Quedlinburg, berühmt und erhaben
durch die Ehre, ein Königssitz zu sein*

Aus der frühmittelalterlichen Chronik Miracula sancti Wigberhti.

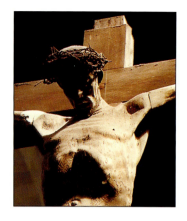

Die Stiftskirche hatte ihre Pforten geöffnet. Ulrike warf einen Blick hinein, eintreten wollte sie nicht. Aber er war neugieriger als sie, zog sie ins Querhaus und von dort in das langgestreckte und kahl und kalt wirkende Mittelschiff. Ausgeräumt das Gestühl, wuchtig aufragend zu beiden Seiten die romanischen Pfeiler, bis auf die Kapitelle mit den Adlerornamenten ohne jeden Schmuck, raumbeherrschend das Kruzifix vor den nackten steinernen Stufen des Ostchores, ergriff sie hier wieder der Schauder von früher. Sie hörte ihn flüstern: 'Du, ich muß dir ein Geständnis machen, Ulrike.' Fragend blickte sie ihn an.
'Zum ersten Mal sehe ich eine Kirche von innen.' Aber das wußte sie doch. Er war nicht getauft. Und während er ausschritt und sich die Wände und Säulen erstaunt betrachtete, folgte sie ihm nur zögernd und zunehmend widerwillig. Er verhielt sich, als besichtige er ein Museum. Hier entdeckte er Neues und dort. Vor dem Kreuz jedoch, nachdem er dem Heiland lange in das vornübergeneigte zerquälte Gesicht gestarrt hatte, packte ihn da nicht ebenfalls ein Schauder? 'Es ist schon was Unerklärliches, etwas Gewaltiges daran', sagte er, 'Und fast verstehe ich die Leute, die vor solchen Bildern zu beten anfangen.'

Aus Erik Neutsch 'Der Friede im Osten'. Erstes Buch Mitteldeutscher Verlag Halle 2. Auflage 1974, S.441/442

In dem einst in der DDR vielgelesenem Erziehungsroman eines jungen Sozialisten wird der Werdegang des Arbeiterjungen Achim Steinhauer geschildert, auch seine Liebe zu der aus bürgerlichem Milieu stammenden Ulrike. Beide reisen Anfang der fünfziger Jahre nach Quedlinburg und besuchen dort den Schloßberg.

Vorwort

Zwei Weltreisende besuchen Paris und auch den Louvre. Dort trennen sie sich. Einer geht in den Louvre, der andere um den Louvre herum. Wie verabredet, treffen sie sich nach einer halben Stunde wieder am Ausgangspunkt. Fragt der eine: 'Hast du auch die Venus von Milo gesehen?' Antwort: 'Wenn sie im Louvre ist, habe ich sie gesehen.'

Vermutlich übertreibt die Pointe heute kaum noch. Man kann nicht alles sehen und gesehen haben wollen. Auch die Quedlinburger Stiftskirche mit ihrem Domschatz gehört inzwischen zum festen Programm vieler Besucher der Weltkulturerbestadt Quedlinburg. Bei starkem Besucherandrang ist eine individuelle Erkundung der Stiftskirche kaum noch möglich. Aber auch ein längerer Besuch der Kirche reicht nicht aus, den Raum samt seiner wertvollen Ausstattung umfassend in sich aufzunehmen. Viele Motive, Details, Bildwerke, Ornamentmuster laden zum meditierenden Betrachten ein. Dazu wollen Bilder und der Text dieses Buches dienen, aber sie können das persönliche Erleben nicht ersetzen. Flüchtiges Hinsehen nimmt kaum etwas wahr, nur dem zum inneren Dialog bereiten Betrachter erschließt sich manches Kunstwerk in seiner ganzen Fülle. Aus dem Sehen kann Schauen werden, wenn Umstände, das eigene Zeitgefühl und die Bereitschaft zu visuellen Erfahrungen es erlauben.

Manche fromme Seele friert in dieser kargen Kirche. Das Urteil eines polnischen Priesters lautete: 'in euren Kirchen in Deutschland ist mir kalt!' Wieviel Nüchternheit verträgt mein Glaube? Braucht meine Frömmigkeit den sakralen Raum? Und braucht der sakrale Raum meine Frömmigkeit? Er braucht in jedem Fall ein unvoreingenommenes Hinschauen.

Auf Seite 6 ist ein Text aus einem sozialistischen Erziehungsroman der DDR-Zeit abgedruckt, der die ganze Ambivalenz dieser Fragen deutlich macht.

Kann die Begegnung mit dem Mittelalter in einer romanischen Kirche uns dem Glaubensleben der Vorfahren näher bringen? Unser Einfühlungsvermögen ist zu lückenhaft, um sich vollkommen in diese ferne Vergangenheit des Mittelalters zurückversetzen zu können. Auch ist Vorsicht geboten, denn die Stiftskirche wurde 1938-1945 von der SS unter Leitung von Heinrich Himmler dazu mißbraucht, einen neuen Ahnenkult zu entwickeln. Wortreich und beschwörend wurden die Empfindungen der aufmarschierten Hitlerjugend zur Verehrung der germanischen Väter gelenkt. Propagandaredner gaben vor, in den Ornamenten und Runen das Raunen der vorchristlichen Ahnen vernehmen und den Pulsschlag der Jahrtausende fühlen zu können.

Eine Zeitreise zurück in die frühen Jahrhunderte unserer Kultur gibt es nicht. Es ist und bleibt immer mein Auge und meine individuell getönte Brille, die sieht, die aber auch - bewußt und unbewußt - vieles übersieht.

So wird die Akzeptanz dieser alten Kirche von 'Gotteshaus' bis 'Museum' reichen. Dem Autor sei zugestanden, daß er versucht, die formende Kraft christlicher Sinngebung in diesem Kulturerbe nachzuzeichnen.

Mancher Leser wird die eine oder andere Information vermissen. Die Baugeschichte findet nur knappe Erwähnung. Auch wird vom Verfasser die geschichtliche Bedeutung der Burganlage einschließlich der Kirche als Heimstatt der sächsischen Kaiser nicht mit eigenen Worten geschildert, da andere es eindrucksvoller beschrieben haben, z. B. Werner Bergengruen (1892-1964). Seine Reiseschilderung wird ungekürzt als Einleitung abgedruckt, denn sie verdient es, aus der Vergessenheit zurückgeholt zu werden.

Zum ersten Mal werden - dank der Unterstützung der Denkmalpflege Halle - sechzehn Aquarelle publiziert, die den 1906/07 freigelegten Bestand der Gewölbemalerei wiedergeben. Die ausführliche Beschreibung des Susannen-Zyklus in der Krypta soll ein Anstoß sein, die kundige Forschung für dieses bisher unbeachtete Kapitel zu interessieren. In den mir zugänglichen ikonographischen Lexika findet man unter dem Stichwort 'Susanna' eine detailreiche Aufzählung, wo, wann, in welchem Umfang diese Geschichte dargestellt wurde - die Gewölbemalerei in der Quedlinburger Krypta wird nicht erwähnt.[1] Dabei macht die Aufzählung deutlich, daß Zeitpunkt und Umfang der Susannenbilder in Quedlinburg einmalig sind. Nachdem Quedlinburg für die Forschung nicht mehr im kommunistischen Niemandsland liegt, gibt es keinen Grund mehr für die stiefmütterliche Behandlung dieses speziellen Kunstschatzes in der Stiftskirche.

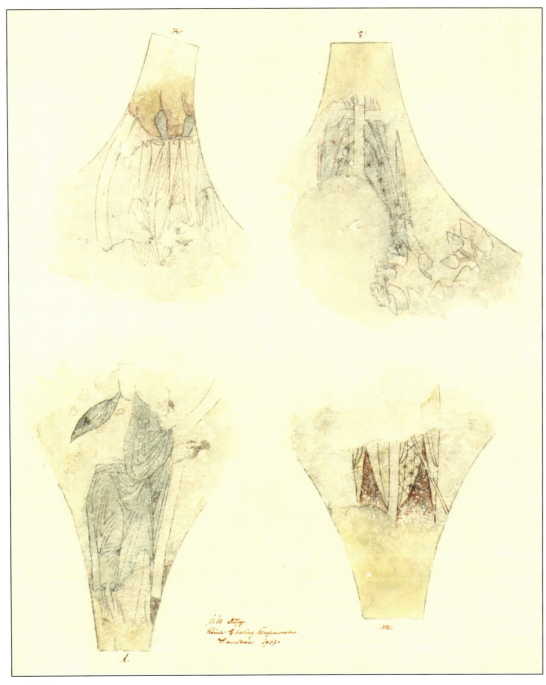

Eine Kopie von Fragmenten der Wandmalereien in der Krypta der Quedlinburger Stiftskirche, die 1906/07 der Kirchenmaler Reinhard Ebeling, Hannover, anfertigte. Zu beiden Seiten Ausschnittsvergrößerungen aus anderen Blättern.

Romanische Wandmalereien in der Krypta der Quedlinburger Stiftskirche

Geleitwort

Der Stiftsberg über der Fachwerkstadt Quedlinburg mit der romanischen Stiftskirche und dem Renaissanceschloß ist immer wieder Gegenstand der Forschung gewesen, die Fülle seiner Kunstwerke Inhalt von Beschreibungen. Der Kunsthistoriker Franz Kugler hat bereits in der ersten Hälfte des 19. Jahrhunderts entscheidend dazu beigetragen, die Stiftskirche allgemein bekannt zu machen. Sein Verdienst ist es auch, die Reste eines großen romanischen Knüpfteppichs entdeckt zu haben, die in den damals noch vorhandenen barocken Emporen als Abtreter dienten. Franz Kugler sind viele gefolgt, um die Erkenntnisse zur Kunst-, Bau- und auch Restaurierungsgeschichte der Kirche zu erweitern. Durch intensive Beschäftigung mit den vielfältigen Baudetails und den hervorragenden Kunstwerken konnten sie bei allen Interessierten Verständnis für dieses großartige Baudenkmal des Weltkulturerbes wecken und ihnen einen Zugang zu seinen einmaligen Schätzen verschaffen. Immer wieder wurde und wird Neues entdeckt und damit das Wissen um die Stiftskirche und den gesamten Berg zunehmend verfeinert.

Der Autor dieses Bandes hat als langjähriger Pfarrer der Domgemeinde in und mit der Kirche gelebt. Ihm war es vergönnt, die verloren geglaubten Teile des Quedlinburger Stiftschatzes wieder in Empfang zu nehmen und ihre neue Präsentation aktiv zu begleiten. Den ständigen Kontakt zu den Kunstwerken in der Kirche hat er zu eigenen Forschungen genutzt. Die Gewölbemalereien in der Krypta waren dabei für Friedemann Goßlau von besonderem Reiz. Er ging den Inhalten der dargestellten Szenen nach und entdeckte dabei auch manches Neue, das er in dieser Veröffentlichung - nach der Vorstellung bei ungezählten Führungen - einem größeren Kreis von Interessierten bekanntmacht. Bereichert und anschaulich wird der Text durch die hier erstmals insgesamt publizierten, 1906/07 von dem Kirchenmaler Reinhard Ebeling als Dokumentation des damaligen Zustandes geschaffen, in verkleinertem Maßstab angelegten Kopien, die seit dieser Zeit zum Bestand der Plansammlung des Landesamtes für Denkmalpflege gehören. Sie entstanden nach der Jahrhundertwende im Rahmen von Sicherungsmaßnahmen an den Malereien, nachdem deren bedenklicher Zustand festgestellt worden war. Seit dieser Zeit gehört die Bestandserhaltung zum ständigen denkmalpflegerischem Programm an der Stiftskirche, so daß der Leser die Möglichkeit hat, über die Betrachtung der sorgfältig gemalten Kopien hinaus die Beobachtungen von Herrn Pfarrer Friedemann Goßlau an den Originalen nachzuvollziehen.

Dipl.-Ing. Voß
Landeskonservator

Die Stiftskirche zu Quedlinburg

Werner Bergengruen (1892 - 1964), katholischer Lyriker und Verfasser historischer Romane, machte im Sommer und Herbst 1933 mit dem Fahrrad eine ausgedehnte Reise durch Deutschland, die er in dem 1934 erschienenen Buch 'Deutsche Reise' beschreibt. Ein Jahr später erscheint sein Roman 'Der Großtyrann und sein Gericht', dessen historischer Stoff als Zeitgemälde des Dritten Reiches gelesen werden konnte. Dies führte 1937 zum Ausschluß aus der 'Reichsschrifttumkammer'.

1945 schreibt Bergengruen über sein Reisebuch von 1934:
'Auf dieser Reise bin ich glücklich gewesen mitten in einer unglücklichen Zeit, in der ich nicht nur gegenwärtigen Bedrängnissen, sondern auch der Erwartung einer heranreifenden Zukunft standzuhalten hatte. Jetzt erkenne ich, worin vorzüglich die Bedeutung dieser Reise für mich lag. Ich durfte die noch lebendige Kontinuität der deutschen Geschichte anschauen und einen über die Zeiten hinwegtönenden Akkord vernehmen, bevor die Kluft aufgerissen wurde, die in alle Zukunft niemand mehr wird ausfüllen oder überspringen können. Ich stand vor den in die deutschen Landschaften gestellten Zeugnissen zweier Jahrtausende. Ein letztes Mal durfte ich all das insgeheim schon zur Zerstörung Verdammte und heute unwiederbringlich Dahinsinkende auf mich wirken lassen und von dieser Wirkung mir und anderen Rechenschaft geben'. [2]

Das Kapitel, mit dem das Reisebuch von 1934 schließt, wird ungekürzt wiedergegeben.

Werner Bergengruen
Quedlinburger Abschied

Der große Anblick der doppeltürmigen Quedlinburger Domhöhe geht mir wieder verloren, da das Gewirr des bürgerlichen Mittelalters mich einfängt. In der Stadtmauer stehen grausteinerne Türme, an den schadhaften Stellen lustig mit Fachwerk und rotem Backstein geflickt. In den engen Straßen schieben sich unregelmäßig die Häuser vor, hölzernes Fachwerk mit dem Zierart farbiger Schnitzerei. Im Rathaus wird der scheußliche, zwei Meter hohe Kasten gezeigt, in welchem die Quedlinburger den gefangenen Raubgrafen verwahrt hielten. Eine Bekanntmachung stellt für Stadtbesichtiger aus dem Auslande einen Führungs- und Dolmetscherdienst zur Verfügung. Es ist, so erfahre ich, Vorsorge getroffen für Französisch, Englisch, Russisch und Portugiesisch. Nun, es fällt mir nicht leicht, mit einem portugiesischen Scharenansturm auf Quedlinburg zu rechnen, und mein herzhaftes Bedauern wendet sich den unversorgten Spaniern, Italienern und Skandinaviern zu.

Aber diese Stadt mit Rathaus, Kirchen, bürgerlichen Wohn- und Wehrbaulichkeiten, sie lebt für den Anreisenden doch nur in einem Bezuge auf den Felsen des Stiftsschlosses und Domes und auf die Macht, welche dort oben wirksam war und von dort oben ausgegangen ist.

Noch inmitten der Stadt, aber bereits auf steigendem Boden liegt ein kleiner, dreieckiger Platz mit schmalem, rührendem, spitzem Häuserwerk. Das ist der Finkenherd, und hierhin hat die Überlieferung jenen Vogelfang verlegt, bei welchem der Adler des Reiches in die rechten Hände geriet. Die kleinen grauen Häuserchen atmen eine solche Bescheidenheit, daß einem an dieser Stelle unwillkürlich der Beiname in den Sinn kommt, mit dem einige Chronisten den König Heinrich bezeichnet haben. Sie nannten ihn 'der Demütige', und das scheint wohl zu treffen, wenn man dies Wort im Sinne des volksmäßig Schlichten nimmt.

Vom Finkenherd sind es wenige Schritte bis an den Platz, der den Sandsteinblöcken des Schloßberges vorgelagert ist. Ein säulengetragener Erker springt vor: in diesem Hause wurde einer der großen Befreier und Toröffner unserer Dichtung geboren: Friedrich Gottlieb Klopstock. Quedlinburg richtete sein Herz auf die deutsche Vorzeit. Die Ungarnbezwingung durch König Heinrich hat ihm vor Augen gestanden als Gegenstand des großen epischen Gedichtes, mit dem er in merkwürdig bewußter Zielsicherheit eine neue Epoche der deutschen Dichtung heraufzuführen gedachte. Es wird berichtet von einer entscheidungsvollen Nacht im Leben des Jünglings, der damals Primaner in Schulpforta war: jener Nacht, da er sein Schwanken zwischen dem Heinrichs- und dem Messiasstoff mit plötzlichem Entschluß endete; und von dieser Nacht mag das Werk hergeleitet werden, das ihn drei Jahrzehnte festhielt.

Gegenüber diesem Hause geht zwischen zerklüfteten Steinblöcken steil der Felsenweg aufwärts, und man denkt sich den Bauherrn von Quedlinburg, Heinrich den Finkler, gern diesen Weg hinanreitend, obwohl die Gelehrten für jene erste Burgzeit einen Saumpfad an anderer, heute nicht mehr besteigbarer Stelle annehmen möchten. Unweit des Schlosses lag im Tal der alte Hof Quitilinga, der Heinrich vom Vater und Großvater überkommen war und der neuen Burg den Namen gab. Von der Höhe des Felsens läßt sich die Ansiedlung blicken, die später ein Prämonstratenserkloster wurde und heute ein Landgut ist; verbaut und verborgen, hat sich die uralte Krypta des Quitilingahofes erhalten, sie reicht zurück bis in die Tage der Karolinger. Geschichtsforscher

Blick auf die Stiftskirche zu Quedlinburg. Zeichnung von Werner Spitzmann

wollen meinen, auch der Domfelsen habe schon vor Heinrich irgendeine Befestigung, vielleicht karolingischen Ursprunges, getragen. Dennoch bleibt Heinrich Quedlinburgs Erbauer, und es ist des großen Städte- und Burgengründers Lieblingsschöpfung gewesen. Er errichtete zur Burg den Dom, der seine romanische Größe freilich erst unter Heinrichs Urenkeln erhielt und gleich manchen deutschen Gottesbauten in Gegenwart des heiliggesprochenen Kaiserpaares Heinrich II. und Kunigunde geweiht wurde. Wiederherstellungen und Umbauten und die im vorigen Jahrhundert geschehene Errichtung der beiden Türme haben das ursprüngliche Baubild gewandelt, das Wesentliche der alten Schöpfung aber unangetastet gelassen. Heinrich der Vogler bestimmte sich das Grab, das er in der Krypta erhalten hat. Neben ihm liegt Mathilde, und die großartige Schlichtheit der Grabstätten inmitten der Säulenpracht des herrlich gewölbten, dämmrigen Raumes ergreift aufs tiefste; hier hat Heinrichs Wesen sich ein letztes Mal den Ausdruck gegeben. Zu Häupten der beiden liegt ihre Enkelin Mathilde, Ottos des Großen Tochter, Äbtissin des reichsfreien Quedlinburger Frauenstiftes.

Die Errichtung dieses Stiftes geht auf einen Wunsch Heinrichs zurück und ist von der verwitweten Königin unmittelbar nach seinem Tode vorgenommen worden. Bis in die Hohenstaufenzeit bleibt Quedlinburg ein vielumkämpfter, aber auch vielbeglänzter Kaiserort; danach beginnt immer ausschließlicher die Stiftsdamennatur zu herrschen. Das Schloß verliert seinen machtvollen Festungscharakter. An einer der Mauern erscheint die heute noch lesbare Inschrift: 'Fortissima turris nomen domini - der Name des Herrn ist der festeste Turm.' Durch eine Äbtissin aus dem kursächsischen Hause waren die beiden gekreuzten Schwerter ins Quedlinburger Stiftswappen geraten; höchst symbolisch haben sie sich unter den Händen der Damen mit der Zeit in zwei Tortenmesser umgewandelt.

Bis zur Auflösung des alten Reiches haben in Quedlinburg Äbtissinnen und Pröpstinnen regiert, darunter Kaiserwitwen und Kaisertöchter. Acht Jahre lang residierte hier oben als Reichsverweserin Ottos II. Witwe, die Griechin Theophano, innig befreundet mit Roswitha von Gandersheim, der ersten Dichterin unseres Landes. Aus dem letzten Jahrhundert der Stiftsherrlichkeit klingen die Namen zweier Frauen, die vom halblegendarischen Schimmer großer Barock- und Rokoko-Amouren umflossen sind; der Äbtissin Anna Amalia von Preußen, Schwester Friedrichs des Großen, wird, vielleicht grundlos, die schicksalbestimmende Leidenschaft für den windbeuteligen Abenteurer Trenck nachgesagt; die Pröpstin Aurora von Königsmarck, Mutter des kriegsberühmten Marschalls von Sachsen, ist von August dem Starken geliebt und von halb Europa gefeiert worden; bis vor einem Menschenalter wurde ihr Leichnam gezeigt, Hände und Gesicht der Greisin sollen noch immer Spuren ihrer berühmten Schönheit aufgewiesen haben; denn gleichwie in manchen Kirchenbauten läßt auch in der Quedlinburger Fürstengruft die trockene Beschaffenheit der Luft kein Verwesen zu.

Unschätzbare Kostbarkeiten sind ehedem in den Stiftsbauten aufbewahrt worden. Vieles hat sich verloren, König Jerome von Westfalen hat manches versteigern lassen, um 'morgen wieder lustik' sein zu können. Aber noch heute sind einzigartige Schöpfungen alter Kunst vorhanden, darunter die Reliquienschreine Heinrichs und Ottos des Großen und die herrlich gemalten, herrlich gebundenen Evangelienbücher der frühesten Stiftszeit.

Werner Bergengruen: Quedlinburger Abschied

'... und die großartige Schlichtheit der Grabstätten inmitten der Säulenpracht des herrlich gewölbten, dämmrigen Raumes ergreift aufs tiefste...'

Die Krypta der Stiftskirche zu Quedlinburg. Zeichnung von Dorothea Milde

Vom Schloßhof trete ich in den alten Abteigarten, der auf Grund eines überaus glücklichen Einfalls wiederhergestellt worden ist, nämlich im Stile eines Burggärtleins mittelalterlicher und renaissancehafter Art. Über dem jähen Abfall des Felsens ziehen sich sieben Terrassen hin, mit höchster gartenkünstlerischer und geschichtlicher Sorgfalt angelegt. Hier hat sich nichts ereignen können von dem Unheil, das sonst so häufig bei Erneuerung und Wiederherstellung verfallener Baualtertümer geschieht, denn der wichtigste Baustoff sind ja die Pflanzen selber. Da blühen und duften die Zierblumen, Lilien und Akanthus und alle die Würz- und Heilkräuter der alten Zeiten, und so verschwistert sich hier die Burg- und Stiftsstadt von einst mit der Gärtnerstadt unserer Tage.

Nach vielen Ausblicken, die ich habe kosten dürfen, koste ich nun jenen von der Quedlinburger Höhe. Ein ferner goldener Dunst mischt sich in die Herbstklarheit der Luft. Jenseits der unten am Burgfelsen hängenden Häuschen, jenseits der Blumen- und Stoppelfelder stehen in der Ferne bläulich die Harzberge. Drei Harzstädte umfaßt der Blick: Quedlinburg, Ballenstedt, Gernrode. Jede der drei hat ihren Herrn und seine Grabstätte. Heinrich liegt in Quedlinburg, Albrecht der Bär in Ballenstedt, Markgraf Gero in seiner Stiftskirche zu Gernrode. Das Dreieck dieser Städte- und Männernamen bezeichnet zweieinhalb Jahrhunderte einer geschichtlichen Aufgabe: der deutschen Macht- und Reichsausbreitung nach Osten, bis nach Böhmen und Schleswig, über die Elbe und Oder bis an die Warthe.

Keine bessere Stätte könnte ich mir erdenken, um meiner deutschen Reise ein Ende zu geben, als diesen Ort, den Ort Heinrichs und Klopstocks. Der Geist und die Macht scheinen sich gleichnishaft zu begegnen an dieser Stätte und in diesen zwei Männern, von denen jeder ein großer Beginner und Begründer gewesen ist. Und hier, im Ausblick auf Gebirge und Ebene, auf Städte und Burgen, am Ausgangspunkt zweier deutscher Epochen, fühle ich mich getrieben zu einer Rückschau auf das durchfahrene deutsche Land; nicht auf sein Einzelnes, sondern auf seine Gesamtheit. Ich habe es unternommen, ein paar Bilder nachzeichnen zu wollen. Aber da ich mir nun eine solche Rechenschaft zu geben suche, fühle ich zugleich tief das Bedenkliche meines Unternehmens, das ja notwendig ein Stückwerk bleiben muß. Einem Reisen, einem Buch wie dem meinigen, setzen sich natürliche Grenzen; und von allem sichtbaren und unsichtbaren Reichtum dieses Bodens, der die Herzkammer der abendländischen Völker gewesen ist und sein wird, ein rechtes Bild geben zu wollen, das wäre die Aufgabe eines Menschenlebens; aber selbst ein solches würde der Verpflichtung nicht genug tun können. Und hier fühle ich mich erinnert an das Wort eines mir durch Freundschaft und gleiche Herkunft verbundenen Dichters, welcher einmal fragt, ob denn die Brocken, die unsere Hand beim Mahle knetete, Zeugnis ablegen können von unserem Hunger; eine Frage, die nicht von diesem Reisen und Schreiben, sondern wohl von jedem menschlichen Handeln und Äußern gelten mag. Kann denn, wer etwas Völliges aussagen möchte von der unendlichen Fülle des deutschen Landes, kann der es anders tun als in der Unendlichkeit? Allenfalls kann er es versuchen in jener Gesinnung, welche im Teil, und sei es der bescheidenste, das keimartige Abbild des Ganzen zu gewahren trachtet. Und ich habe ja auch kein Kompendium schreiben wollen, sondern Zeugnis geben von meinen Erschütterungen und Entzückungen, Zeugnis von der ewigen Magie dieses Landes, dem unsere Liebe gehört und unser Schmerz, unser Stolz und unser Zorn, unser Sterben und unsere Wiederkehr.

Das Taufbecken in der Stiftskirche zu Quedlinburg. Zeichnung von Dorothea Milde

Werner Bergengruen: Quedlinburger Abschied

Ansicht der Stiftskirche von Süden

Raumerfahrungen

Das Langhaus

Georg Piltz beginnt seinen im Kinderbuchverlag der DDR erschienenen 'Streifzug durch die deutsche Kunst', geschrieben für Kinder und Schüler, folgendermaßen: 'unsere Heimat sah vor tausend Jahren ganz anders aus als heute. In den riesigen Wäldern hausten noch Bären und Wölfe. Es gab nur wenige Wege. Die Dörfer waren klein und lagen weit voneinander entfernt. Die Bauern wohnten in hölzernen, mit Stroh oder Schilf gedeckten Hütten, und auch die Häuser der Herren waren aus Holz gebaut.

Wie erleichtert muß der Wanderer gewesen sein, wenn er sich nach langem Marsch durch die Wildnis endlich dem Burgberg von Quedlinburg näherte! Schon von weitem hörte er Hammerschläge, Peitschenknall und lautes Rufen. Er sah mit Staunen, daß auf der Höhe des Berges mächtige Steinmauern in den Himmel ragten. Er begegnete Scharen von Bauern, die mit ihren Fuhrwerken Steinblöcke herbeischafften.'

Damals im 10. Jahrhundert löste ein Kirchenbau den anderen auf dem Burgberg, dem Stammsitz der Ludolfinger, ab. Die erste große Hallenkirche wurde 1021 geweiht. Sie brannte 1070 nieder und wurde in gleicher Größe an gleicher Stelle wieder aufgebaut. Diese bis heute erhaltene romanische Kirche wurde 1129 geweiht.

Mit etwas Phantasie kann man sich ausmalen, wie gewaltig die stolz aufragende 'Kathedrale des Reiches' wirkte, Zeugnis für die Einheit von Zeit und Ewigkeit, Staat und Kirche, königlicher und göttlicher Macht. Und wie überwältigend muß der Eindruck gewesen sein, wenn der Wanderer den vollendeten Kirchenbau betrat. Der weite und hohe, farbig gestaltete Kirchenraum versetzte die Bewohner enger und finsterer Holzhütten in eine Welt unbekannter Dimensionen. Nahezu unvermittelt durfte der Gläubige schauen und wie im Vorhof des Tempels himmlische Vollkommenheit ahnen. Gleich dem Psalmdichter wurde der Wunsch geweckt, 'im Hause des Herrn zu bleiben ein Leben lang, zu schauen die Huld des Herrn' (Ps. 27,4).

Der Gläubige betrat die Kirche durch das Säulenportal in der Nordseite des Langhauses.[3] Nun wußte er sich geborgen in der Gottesburg auf dem Berge. Die dicken Mauern, die das Böse abwehrenden Zeichen in den Kapitellen, die trutzigen, festungs-

„ars quitilinga - Konzert für Orgel, Kammerorchester und Solisten - Musik für Kostbarkeiten des Quedlinburger Domschatzes". Uraufführung des Konzertes von Thomas König anläßlich der Rückführung der Teile des Quedlinburger Domschatzes, 1995, im Rahmen des Quedlinburger Musiksommers.

Das Hauptportal der Stiftskirche.

Abb. rechts:
Romanischer Stützenwechsel im Langhaus der Stiftskirche.

artigen Türme gen Westen, gegen die dämonenbesetzte Nachtseite, vermittelten dieses Gefühl des Schutzes. Hier war er für Dämonen unangreifbar, wie von einem Schutzpanzer umgeben. Für diesen Raum galt das, was später im Aufgang des Burgberges in Stein gehauen wurde: FORTISSIMA TURRIS NOMEN DOMINI Der Name des Herrn ist eine feste Burg (Spr. 18,10).

Sechsundzwanzig Altäre, verschiedenen Heiligen gewidmet, verteilten sich auf den Kirchenraum. Diese durch die vielen Reliquien geheiligte Stätte lud ein zum Schreiten, zur Andacht von Altar zu Altar. Zwischen den zwei Säulen- und Pfeilerreihen schritt man wie auf einer antiken Prozessionsstraße gen Osten, Christus entgegen. Die im Osten aufgehende Sonne kündet von dem Licht der Welt, der Auferstehung und dem neuen Tag Gottes. Hier im Osten, im Hohen Chor stand der Hauptaltar, an dem Christus in der sakramentalen Wandlung gefeiert wurde.

Jeder Altar war in den Ablauf des Kirchenjahres einbezogen. Die Bitte um Fürsprache eines Heiligen wurde an seinem Namenstag mit einer Prozession zu seinem Altar verbunden.

Die Andachten und Prozessionen geschahen in einem festlichen Raum, der zum Schauen einlud. Die Farbenpracht der bemalten Wände wandelte den Raum in ein Sinnbild des himmlischen Jerusalem, unterstützt von einer Liturgie, die irdische und himmlische Anbetung vereinte. Hier hatte die Versammlung der Heiligen in der Vielzahl der Altäre bereits begonnen.

Mit der Vision der zukünftigen heiligen Stadt schließt die Bibel. Diese Vorstellung vom zukünftigen Jerusalem bestimmte damals die Hoffnungsbilder vieler Gläubigen[4], hob aber nicht ab von der Gegenwart, sondern bestärkte das Bestreben, unter der starken Hand weltlicher Macht und geistlicher Vollmacht das Reich Christi zu gestalten.

Der Pilger, der die Kirche betrat, sah sich von vier Adlerkapitellen umgeben. Ihm wurde vermittelt, daß er eine Reichskirche betreten hatte, denn der Adler, vieldeutbares Zeichen, symbolisierte u. a. auch die imperiale Macht.

Dem Herrscher gehörte das Westwerk (Abb. Seite 18) mit der kaiserlichen Eigenkapelle hinter den vier Arkadenbögen. Daher

Raumerfahrungen · Das Langhaus

unterscheidet sich dieses Westwerk deutlich vom Rhythmus der Seitenwände. Die Bogenstellung setzt tiefer an, die seitlichen Lauffriese brechen ab. Der eigene Schmuckrhythmus unterstreicht, daß in dem Westchor dem Kaiser ein besonderer Raum mit eigenem Altar vorbehalten blieb. Von dort nahm der Kaiser - kraft seines Amtes erhöht - am Gottesdienst teil.

Im Ostteil stellt der Hohe Chor das Sacerdotium dar, Raum

für die Priester, durch zwei Treppen deutlich abgesetzt von der Schar der Laien. Zwischen dem Westwerk und dem Ostchor sammelte sich das Volk, die Reichsgemeinde, 'geleitet und beschützt vom Sacerdotium der Kirche und vom imperium des Herrschers, die das geistliche und das weltliche Schwert führten.' (5

Auch Beispiele für Zahlensymbolik fallen auf. Zwölf Säulen erinnern daran, daß die Heilige Kirche auf dem Fundament des apostolischen Zeugnisses erbaut ist. Vier Pfeiler weisen auf die vier Evangelisten hin.

Unsere Raumerfahrungen heute sind ärmer. Die Malereien im Langhaus sind bis auf einen kleinen Rest im Ostabschluß des Nordschiffes verschwunden, die Zahl der Altäre auf drei geschrumpft. Auch gibt es keine ausgeschiedenen Zonen des Sakralen mehr.

Geblieben ist die Sprache der romanischen Architektur. Ihre strenge, kühle Harmonie verleiht dem Raum Würde und Ruhe

zur eigenen Andacht. Keine himmelstürmenden Räume verwirren, alles bleibt überschaubar. Wo Langhaus und Querschiff sich durchdringen, markieren Vierungsbögen das Grundmaß der Kirche, das von den Pfeilern aufgenommen wird und sich dreimal im Langhaus wiederholt.

Um 1320 begannen die Stiftsdamen, die romanische Kirche in eine gotische umzuwandeln. Der romanische Chorabschluß wurde abgerissen und durch einen gotischen Chor ersetzt. Es zeugt von dem finanziellen Niedergang des Stiftes, daß die Arbeit eingestellt wurde. So blieb vom Querschiff an der romani-

Die 'Kaiserloge' im Westwerk.

Mitglieder des Orchesters des 18. Jahrhunderts, Amsterdam, und Mitglieder des C. Ph. E. Bach-Ensembles, Hannover, musizieren die 6 Brandenburgischen Konzerte von J. S. Bach zur Eröffnung des Quedlinburger Musiksommers 1998.

sche Kirchenbau erhalten. Der neoromanische Ostabschluß wurde in den Jahren 1938-1940 eingebaut und kann aus statischen Gründen nicht wieder entfernt werden.

Die kaiserliche Eigenkapelle wurde nach der Reformation als Platz für die Orgel genutzt. Als diese durch kriegsbedingte Dachschäden 1945 unbespielbar wurde, vergingen viele Jahre, bevor eine neue Orgel gebaut werden konnte. Es mußte zuvor geklärt werden, welcher Standort für die Akustik am günstigsten ist, ohne denkmalpflegerische Belange zu verletzen. Schließlich fiel die Entscheidung zugunsten des Hohen Chores. Dank dieser unkonventionellen Lösung können seitdem Orgelkonzerte auch visuell erlebt werden.

Kann eine evangelische Gemeinde noch Raumerfahrungen machen, die alle Teile des Kircheninneren einbeziehen? Statt zu schreiten, sitzt die Gemeinde, ausgerichtet auf Altar und Predigtpult. Zu Taufhandlungen aber wandert sie in die Krypta zu dem alten Taufstein, dessen siebeneckiges Taufbecken an die Schöpfungsgeschichte erinnert.

Taufstein in der Krypta.

'San Giovanni Battista' (Johannes der Täufer) - Oper von Alessandro Stradella (1639-1682) - in einer szenischen Aufführung des Ensembles 'La Stagione', Frankfurt, vor dem Altar des Langschiffes.

In der Osternacht sammelt sich eine Schar meist jüngerer Christen zur gemeinsamen Andacht, die in vier Stationen gefeiert wird, im Langhaus, Westteil, Hohen Chor, in der Krypta. Mit Kerzen in der Hand und den Taizé-Gesängen wird die alte Tradition des Schreitens und Betens wieder aufgenommen.

Zur Christvesper am Heilig Abend ist es in der unbeheizbaren Kirche bitter kalt. Aber ein Krippenspiel, das die Bewegungsmöglichkeiten auf den zwei Treppen voll ausnutzt, läßt das Husten ersterben. Der nur mit Kerzen ausgeleuchtete Raum mitsamt der gespielten Verkündigung vor Augen weckt eine Stimmung, die an mittelalterliche Farben- und Lichtschau anknüpft.

1998 wurde erstmals in der Stiftskirche eine Kirchenoper aufgeführt, für die man Spitzenkräfte engagiert hatte. Die Qualität der Stimmen entsprach der an Farben üppigen Ausstattung, unterstützt von den vielfältigen raffinierten Möglichkeiten moderner Bühnenausleuchtung. Kostbare Tradition und effektvolle

Moderne machten die Aufführung zu einem besonderen Raumerlebnis.

'Wie lieblich sind mir deine Wohnungen, Herr Zebaoth! Meine Seele verlangt und sehnt sich nach den Vorhöfen des Herrn; mein Leib und Seele freuen sich in dem lebendigen Gott.
Der Vogel hat ein Haus gefunden und die Schwalbe ihr Nest für ihre Jungen - deine Altäre, Herr Zebaoth, mein König und mein Gott. Wohl denen, die in deinem Haus wohnen; die loben dich immerdar.' Ps. 84,2-5

Die Krypta

Raumerfahrungen - Die Krypta

Krypten erinnern an Katakomben und unterirdische Kirchen, in denen die ersten Christen ihre Gottesdienste abhielten. Über der Grabstätte eines Märtyrers wurde ein Altar errichtet, dazu ein kleiner Raum gegraben, zu dem man in Stufen herabstieg. Die Bezeichnung Confessio für diese Kultgrabanlage bezieht sich auf den begrabenen Confessor = Bekenner. 'Oft war diese Confessio nur eine einfache Nische, manchmal nahm sie aber auch größere Ausmaße an. Diese größeren Grabstätten waren der Urspung der Krypten. Die Krypten vergrößerten sich immer weiter.' [6]

Die Krypta der Stiftskirche liefert für diese Entwicklung von der Confessio zur Krypta ein anschauliches Beispiel, da in ihr eine alte Confessioanlage erhalten blieb. 'Das prachtvolle kleine Bauwerk entstand spätestens im Jahr 968, im Zusammenhang mit der Grablegung der Königin'[7], der heiligen Mathilde.

An der Nordseite führten ein paar Stufen in den aus dem Felsen geschlagenen Raum, der damals überwölbt war.[8]

Diese höhlenartige Kapelle bot Raum für die mannigfaltigen Formen der Heiligenverehrung.[9] Vermutlich waren in den Nischen der Confessio weitere Reliquien deponiert. Die Nähe der Reliquien wurde gesucht, da man überzeugt war, daß Kraft von den Reliquien ausgehe, heilende Kraft für Körper und Seele. Tücher, die man auf den Sargdeckel legte, wurden als Kontaktreliquien getragen.

Der Pilgerweg zu der vertieften Grabanlage glich dem langsamen Schreiten in eine Höhle, eingetaucht in ein mystisches Dunkel. Je tiefer die Dunkelheit, desto heller strahlte das Licht der Altäre und Kerzen.

Mit der Errichtung der romanischen Hallenkirche wurde die Confessio aufgegeben zugunsten der Krypta, die mehr Raum für Heiligenverehrung und Totengedächtnis bot. Die Krypta lag zwar unter der Stelle, wo im Hohen Chor die Eucharistie auf dem Altar gefeiert wurde,[10] aber das Grab selbst lag nicht mehr wie zuvor unter einem Altar. Vielleicht wurde die Confessio deshalb so früh nach dem Tode der heiligen Mathilde eingeebnet,

um für einen neuen Altar Platz zu schaffen. Denn es galt die Regel, daß ein Heiligengrab vor oder unter einem Altar zu liegen hatte, entsprechend Offbg. 6,9. wonach unter dem himmlischen Altar die heiligen Märtyrer auf das Jüngste Gericht warten.

Die weiträumige Hallenkrypta diente in vielen Jahrhunderten der Grablege und dem Gebet für das Seelenheil der Toten.

Überall unter den Fliesen befinden sich Gräber. Die Bewegung des Langhauses gen Osten setzt sich fort hin zu der ältesten Grabanlage, den Gräbern von Heinrich I. und seiner Frau, der heiligen Mathilde.

Blick in die Krypta nach Norden.

Confessio.

Abb. links:
Blick in die Krypta nach Osten.

Raumerfahrungen · Die Krypta

In dieser mehrschiffigen Kryptenanlage wurde der Toten nach festgelegter Ordnung in den Stundengebeten gedacht. Deshalb ist auf manchen Grabsteinen zwar der Todestag angegeben, aber nicht das Todesjahr, da dieses für das Totenoffizium unwichtig war.[1]

Besondere Beachtung verdienen die Grabplatten der Äbtissinnen Adelheid I., Beatrix I. und Adelheid II., die ersten drei

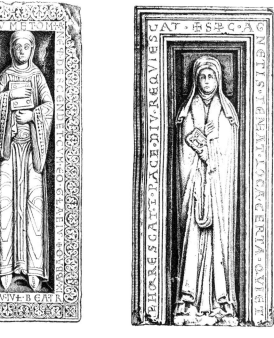

Grabplatten der Äbtissinnen Adelheid I., Beatrix I. und Agnes von Meißen in Zeichnungen aus 'Die Gräber in der Schloßkirche zu Quedlinburg' von K. Wilhelm Hase und F. v. Quast, Quedlinburg 1877.

Abb. links:: Blick auf die Grab-Reliefsteinplatten an der Südwand der Krypta

Grabplatten auf der Nordseite. Sie wurden kurz nach der Einweihung der Kirche 1129 geschaffen und gelten als die ältesten Reliefsteinplatten in Deutschland. 1907 wurden sie aus dem Langhaus in die Krypta überführt und an den Seitenwänden aufgestellt.

Die linke breitere Platte lag ursprünglich etwas erhöht zwischen den beiden anderen, denn es ist die Grabplatte der Tochter Kaiser Ottos II. Auch durch ihre gebieterische oder segnende Handhaltung unterscheidet sie sich von den beiden anderen Gestalten, die mit beiden Händen ihr Buch halten. Alle drei Äbtissinnen tragen einen Schleier, der über die Schultern fällt. Die Ärmel des talararartigen Gewandes hängen weit herunter und sind mit Schmuckborten versehen. Die Konturen werden durch Ritzzeichnungen akzentuiert.

Eine bedenkenswerte Spekulation besagt, daß diese erstmalig in Relief gearbeiteten Grabsteine Besucher zum Verweilen und Gebet provozieren sollten. Der Blick in den scheinbar offenen Sarg, der ungewohnte Anblick der starren Gestalten der Verstorbenen erschreckte und bewirkte Toten- und Todesgedenken.

70 bis 80 Jahre später entsteht der Grabstein für die Äbtissin Agnes von Meißen, rechts neben dem Stein von Adelheid II. Ein Kissen suggeriert eine liegende Haltung. Die Gesichtszüge sind gelöst. Die Entwicklung der Grabkunst führt zu dem Idealtyp der leicht lächelnden Verstorbenen, denn *'selig sind die Toten, die in dem Herren sterben'* (Offb. 14,13)[12]

Die Grabinschriften der ersten drei Steine mahnen, an den eigenen Tod zu denken. Die umlaufenden Psalmworte erinnern an die Vergänglichkeit.[13]

Der Text des Grabsteines der Agnes von Meißen wiederholt nicht das Memento mori, sondern legt dem Leser die Fürbitte in den Mund:

'Jesus Christus bewahre den Leib der Agnes an sicherem Ort der Ruhe, nichts erschrecke, in Frieden ruhe lange.'

Die Stiftskirche zu Quedlinburg

Ein authentisches Heiligengrab

Königin Mathilde, Ururenkelin des Sachsenherzogs Widukind, setzte nach dem Tod ihres Mannes Heinrich I. (936) einen Großteil ihres umfangreichen Vermögens für Stiftungen und Werke der Barmherzigkeit ein.

Der Überlieferung zufolge suchte sie, wenn sie in Quedlinburg weilte, zu den festgesetzten Gebetszeiten die Krypta auf, um an dem Grab ihres Mannes zu beten. Der Zeitgenosse Widukind von Corvey beschreibt sie als eine wegen 'ihrer Heiligkeit bewundernswerte Frau'. Er berichtet: 'Immer und überall war sie der Klagenden Trösterin. Nach der Messe besuchte sie in der Nachbarschaft die Kranken und reichte ihnen, wessen sie bedurften. Dann öffnete sie ihre Hand den Armen, und hiernach nahm sie Gäste auf; niemand entließ sie ohne ein freundliches Wort, und fast keiner blieb ohne Geschenk oder die Unterstützung, die ihm not tat.' (14

Die Vita der Heiligen Mathilde setzte Maßstäbe für die nachfolgenden Äbtissinen, da es die Bedeutung des Stiftes unterstrich, wenn dieses sich auf die Gründung durch eine Heilige berufen konnte.

Nach ihrem Tode wurde sie vom Volk spontan als Heilige verehrt, wobei ihr die fürstliche Geburt zugute kam, eine 'nahezu unerläßliche Voraussetzung für Heiligkeit' im frühen Mittelalter.(15 Als im 11. Jahrhundert die Heiligsprechungsprozesse begannen, wurde die durch Volksfrömmigkeit und liturgische Praxis bereits vollzogene Heiligenverehrung ohne förmlichen Kanonisationsprozeß anerkannt.

Auf dem walzenförmigen Deckel des Steinsarges der Heiligen Mathilde ist ein Vortragekreuz in Relief ausgearbeitet worden mit dem Namen der Heiligen auf dem Querbalken. Übersetzung der Inschrift: 'Am 14. März starb die Königin Mathilde, welche auch hier ruht und deren Seele die ewige Ruhe erhalten möge.'

Heilige werden an ihrem Todestag verehrt, denn für sie ist dies der Tag der neuen Geburt.(16 So geriet das Geburtsdatum der Königin Mathilde in Vergessenheit, unwichtig angesichts des neuen Lebens, das gemäß mittelalterlicher Glaubensüberzeugung für sie schon begonnen hatte.

Aus der Liturgie, mit der die katholische Gemeinde jährlich am 14. März der Heiligen Mathilde an ihrem Grabe gedenkt:
'Gott, du allein bist der Heilige,
und doch gibst du sterblichen Menschen
Anteil an deiner Herrlichkeit.
Schenke uns am Fest der heiligen Mathilde
durch den Leib und das Blut Christi die Gnade,
Menschen miteinander zu versöhnen
und Frieden zu stiften, damit wir einst Anteil erhalten
an deinem göttlichen Leben.
Darum bitten wir durch Christus, unseren Herrn.'

Königin Mathilde

geboren um 895
in Engern/Sachsen

gestorben: 14. März 968
in Quedlinburg

Deckel des Steinsarges der Heiligen Mathilde, rechts die Inschrift als grafische Darstellung.

Die Sprache der Steine

Dem delphischen Orakel wird nachgesagt, es sei nie eindeutig, auch nicht zweideutig, sondern immer vieldeutig gewesen. Mit der Sprache der Ornamentik geht es dem Betrachter heute kaum anders. Dies liegt zuerst an dem 'garstigen Graben' (Lessing), den 900 Jahren, die uns von der mittelalterlichen Frömmigkeit trennen. Erschwerend aber kommt hinzu, daß sich germanische, byzantinische und lombardische Einflüsse trafen, es also für die Sprache der Steine keine eindeutige Muttersprache gibt.

Kunsthistorische Untersuchungen haben diese verschiedenen Einflüsse aufgezeigt, vor allem für die Verwandtschaft mit der lombardischen Bau- und Ornamentkunst klare Belege geliefert.

Während des Dritten Reiches meldeten sich Autoren zu Wort, die sich nicht mit einer sachlichen Beschreibung begnügten, sondern die Ornamentik vereinnahmten als Beleg für das 'völkische Erwachen der Nation'. Jetzt galt germanisch als gut, echt, ursprünglich, während aus dem Süden stammende Einflüsse als fremd und schädlich eingestuft wurden.[17] Der durch wertfreie Forschung ausgesparte Raum wurde forsch belegt und die Ornamentik als bewußt unchristliche Zeichensprache, als versteckte heidnische Kultsprache ausgelegt.

Es rächte sich, daß eine nur stilkritische Würdigung der romanischen Stiftskirche die Frage nach dem 'Sitz im Leben' ausklammerte. Daher wird hier versucht, bei der Beschreibung einiger Ornamente die Nutzung des Raumes als Gottesdienststätte zu berücksichtigen.

Angesichts der Propaganda des 3. Reiches wurde in Predigten der evangelischen Pastoren deutlich auf die friedliche und kulturfördernde Durchdringung von Christentum und Germanentum im 9. und 10. Jahrhundert hingewiesen,[18] aber solche Darstellungen entsprachen nicht dem ideologischen Trend jener Zeit. So wurde schließlich christliche Verkündigung speziell an dieser Stätte unterbunden[19] und 1938 die Domgemeinde aus der Stiftskirche vertrieben.

Die Frage, ob einzelne ornamentale Zeichen nordischer oder südlicher Herkunft sind, verliert an Gewicht, wenn man in Rechnung stellt, daß auch in Quedlinburg heidnisches Erbe nicht verdrängt, sondern integriert wurde, alte Zeichen auf Christus bezogen wurden, indem ihr Symbolwert genutzt und mit neuen Akzenten versehen wurde.

1

Oft bleibt es schwierig, die Grenze zwischen reinem Zierornament und der Symbolsprache zu ziehen. Den Betrachter vor 900 Jahren erreichten Botschaften durch Chiffren, die wir nur noch als verspielte Dekoration bewundern. In dem von einer magischen Vorstellungswelt umfangenen Menschen weckte jedes Muster mythische, symbolische oder auch allegorische Assoziationen.

Ana Maria Quinones führt in ihrem Buch 'Pflanzensymbole in der Bildhauerkunst des Mittelalters'[20] aus, daß die Menschen der Romanik auch florale Muster als christliche Symbolsprache verstanden haben und die Kirche ganz bewußt dieses Verlangen nach sprechenden Bildzeichen aufnahmen und nutzte.

Abb. 1: Maskenkapitell im Langhaus, südliche Arkadenwand.

Bauornamentik im Langhaus

Abb. 2, 3, 4: Schmuckfriese außen und innen an der Süd- und Westwand.

Abb. 5: Bossen-Adlerkapitell an der Südseite.

Im Langhaus der Stiftskirche breitet sich die Fülle ornamentaler Chiffren und magischer Zeichen vor allem in den Schmuckfriesen aus, die den Innenraum durchziehen und den Baukörper außen gliedern. Hier sind der Phantasie keine Grenzen gesetzt. Bizarre Fabelwesen geben sich ein Stelldichein wie bei einem Walpurgistreffen, Löwen, Basilisken, feuerspeiende Drachen, gebärende Frauen, Meerjungfrauen, dämonische Masken, Schlangen zu einer Acht verschlungen,[21] Knoten, Flechtbänder.

Dagegen herrscht bei den Würfelkapitellen des Langhauses strenge Ordnung. Diese in der ottonischen Kunst entwickelte Kapitellform meistert den Übergang vom Kreis der Säule zum Quadrat des Bogenansatzes. Die vier Seitenflächen eignen sich gut als Träger figürlicher Darstellungen, kombiniert mit linearem Rankwerk. Die Linienführung bleibt klar und sparsam, dem Spiel der Phantasie sind Grenzen gesetzt.

Es sind sehr unterschiedliche Töne, die man mit etwas Phantasie glaubt vernehmen zu können.

Das fröhliche Gezwitscher der vielen pickenden und sich putzenden Vögel wird durch das wütende Gekläff einiger Kampftiere empfindlich gestört. Schließlich dominiert die majestätische Ruhe, die von den vier Adlerkapitellen gebieterisch ausgeht.

Den zwei Adlerkapitellen auf der Südseite schließt sich ein weiteres Adlerkapitell an, das in Bossenform ansetzt. Im Schutz der breitflügligen Adler trinken jeweils zwei Vögel mit langen Schnäbeln aus einem Brunnen, dem Born des Lebens. Zwei der vier Adlerkapitelle zeigen in ihrer Kämpferzeile ähnliche Freuden: Tauben picken an Weintrauben. Dieses frühchristliche Motiv verbindet die Worte Jesu *'Ich bin der Weinstock, ihr seid die Reben'* (Joh.15,5) mit seiner Verheißung: *'Ich werde von diesem Gewächs des Weinstockes nicht mehr trinken bis zu dem Tage, an dem ich es neu mit euch trinke im Reich meines Vaters.'* (Matth. 26,29)

Dieses eucharistische Symbol, die Erfrischung der Seele im Paradies[22] wird unterschiedlich dargestellt: unter einem gebogenem Band und in Medaillonkreisen. Beiden Taube-Trauben-Mustern begegnen wir noch einmal in den Kämpfern der letzten östlichen Säulen. Das Medaillonmuster bestimmt auch den

Abb. 6, 7, 8: Drei der vier einander zugeordneten Adlerkapitelle des Langhauses.

Abb. 9: Kapitell mit Pfauenfedern.

Abb 10: Adlerkapitell am Nordeingang (cf. Abb. Seite 16).

Die Sprache der Steine - Bauornamentik im Langhaus

Schmuck der reich verzierten Südapsis, die deutliche Parallelen zu oberitalienisch-lombardischer Kunst aufweist.⁽²³⁾ (Abb. Seite 27)

Rätselhaft bleibt auf der Nordseite das Kämpferbild über dem Kapitell mit dem endlosen Bandornament: einem langgestreckten Tierkörper wächst eine Rebe aus dem Mund, der Schwanz wandelt sich zur Rebe, beide Reben mit Traube, eine weitere Rebe schlängelt sich um seinen Körper. Mit der Rankenbindung und teilweisen Metamorphose des dackelähnlichen Tieres ist die Bändigung böser Mächte angezeigt, die nicht verhindern können, daß sie in den Dienst des Guten gestellt werden.

Auf einem anderen Kapitell der Nordseite zeigen zwei hundsähnliche Tiere ihre scharfen Zähne und sind so in sich verbissen, daß sich jeder in den eigenen Schwanz beißt.⁽²⁴⁾

Auf einem Kämpfer der Südseite putzen Vögel ihr Gefieder, von Pflanzen umgeben, die zur vielgestaltigen Familie der Le-

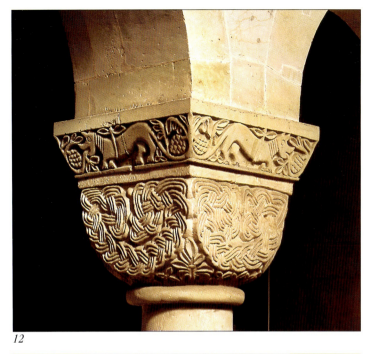

12

11

13

14

Abb. 11, 12, 13:
Drei Kapitelle der nördlichen
Arkadenwand des Langhauses.

Abb. 14:
Ausschnitt des Kapitells von Abb. 9

bensbäume gehören. Teilweise wachsen kleine Trauben an den Zweigen. Das Kapitellmuster erinnert an Pfauenfedern, auch an Farnblätter; in beiden Fällen besteht ein Bezug auf paradiesisches Leben.

Ein Kapitell der Südseite fügt sich nicht in das Musterspiel der anderen Kapitelle, denn es zeigt an jeder Seite ein anderes Bild. Zum Langhaus hin enthält es eine Personenszene. Zwei in

Die Sprache der Steine · Bauornamentik im Langhaus

Haartracht und Kleidung unterschiedliche Männer greifen ins Blattwerk, schieben es wohl zur Seite, um Platz zu schaffen. Sie rammen einen Stab in die Erde, um die Gründung eines Klosters oder einer Stiftung anzuzeigen.[25]

Eine weitere Personendarstellung finden wir auf dem Mittelpfeiler der Westseite. Das Halbkapitell zeigt zwei bärtige Männer mit unterschiedlicher Handhaltung. Auf der rechten Seite hält ein Mann seine Hand ans Ohr, die andere Hand in die Hüfte gestemmt, auf der linken Seite hat ein Mann beide Arme emporgestreckt.

Zahlreiche widersprüchliche Deutungen verwirren. Während des Dritten Reiches wurde erklärt, daß es sich bei diesem Kapitell um germanische, bewußt unchristliche Runenzeichen handle. Die Arme rechts bildeten ein Runen-S, die Arme links ein W, Hinweis auf das Sommer- und Winterhalbjahr, Sinnbilder des 'Stirb und Werde', versteckter Hinweis auf germanische Kulthandlungen. Diese Deutung ist abwegig und in der Fachliteratur als Kuriosum eingestuft.

Wenn man von der täglichen Nutzung des Kirchenraumes im Mittelalter ausgeht, bietet sich der Bezug auf Lectio und Oratio an, die wichtigsten Bestandteile des frühchristlichen Gottesdienstes. Das Hören auf die Schriftlesungen (lectio) wurde mit einem Gebet (oratio) beantwortet, zu denen man sich aufrichtete, denn Gebet ist Erhebung zu Gott.

Der Mann mit den erhobenen Händen erinnert an die frühchristliche Gebetshaltung, an die Orantesdarstellungen in den Katakomben.[26] Man könnte die erhobenen Hände auch als Segensgestus deuten. Dieser allerdings ist erst Ende des Mittelalters mit Sicherheit nachweisbar.[27]

Ähnliche Männergestalten in skandinavischer Kunst aus gleicher Zeit werden als Darstellungen des befehlenden Gottes gedeutet.[28] Der Vogel, der die beiden Szenen miteinander verbindet, trägt eine Halsbinde, die ihn von den anderen Taubendarstellungen in der Stiftskirche unterscheidet.

Während diese als Metapher für die Seele des Gläubigen verstanden werden, könnte hier die Taube als Symbol des Heiligen Geistes gemeint sein. Dann ergibt sich ein Handlungsablauf von links nach rechts, das Thema göttlicher Berufung: 'Rede, Herr, denn dein Knecht hört!' (1. Sam. 3,10)

15

16

17

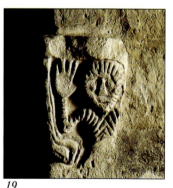

18

19

20

Bauornamentik in der Krypta

21

22

Abb. Seite 32:
Abb. 15: Würfelkapitell mit Figurenschmuck.
Abb. 16: Kämpfer vom Mittelpfeiler der Westwand.
Abb. 17: Antithetischer Tierschmuck.
Abb. 18, 19: Fragmente, jetzt eingebaut im westlichen Vorraum.
Abb. 20: Ornamentierter Kämpfer, südliche Arkadenwand.

Abb. Seite 33:
Abb. 21: Adlerkapitell in der Krypta, Südseite.
Abb. 22: Akanthusblatt-Kapitell in der Krypta, Nordseite.

Die Kapitelle in der Krypta tragen eine andere Handschrift als die Kapitelle des Langhauses. Da der Wiederaufbau der Stiftskirche nach dem Brand von 1070 mit der Herrichtung der Krypta begann, stammen die Kapitelle etwa aus der Zeit um 1080.

Sieben von ihnen bilden eine eigene Gruppe, Zungenblattkapitelle, teils klobig-grob, teils mit feiner Fiederung der einzelnen Blätter. Die drei Wandkapitelle an der Nordseite gehören zu dieser Gruppe. Ein Vergleich dieser auch als Bossenkapitelle bezeichneten Bauglieder zeigt, daß einige von ihnen in unfertigem Zustand eingebaut wurden. Dies jedenfalls vermutet Hermann Wäscher, der die Ausgrabungen 1938-1942 leitete. Er schreibt, daß es sich um Werkstücke handelt, die alle noch den feinen Schmuck erhalten sollten, denn die Vorritzung sei an einzelnen Stellen erkennbar.[29]

Das Endstadium wurde bei einem der nördlichen Wandkapitelle erreicht, dem zweiten links neben dem Portal. Auch dessen Kämpfer wurde im Unterschied zu den anderen Halbkapitellen durchgestaltet. Der für korinthische Kapitelle traditionelle Schmuck der Akanthusblätter ziert in Form von drei Blattkränzen dieses Halbkapitell.

Das Akanthusmotiv wurde bereits in der Antike besonders bei Grabkammern und -stelen verwandt; es wurde als Symbol für die Unsterblichkeit verstanden.[30] Die frühchristliche Kunst nahm dieses dekorative Pflanzenmuster auf und verhalf ihm zu weiter Verbreitung. In dieses Unsterblichkeitsmuster ist an einer Stelle eine Weinrebe mit zwei Trauben eingearbeitet. Zufall oder Absicht? Spiel und Lust an variantenreicher Dekoration ohne gezielte Aussage? Oder Sprache der Steine, die das vertraute Symbol Christi mit dem Symbol der Unsterblichkeit verbindet?

Als weiteres florales Muster schmückt die Lilie, in reduzierter Form, ein Kapitell der Krypta. Sie galt bereits in der ägyptischen Kunst als Herrschaftssymbol und hat diese Bedeutung bewahrt u. a. in der Heraldik, in dem Königswappen der Bourbonen.[31] Erst nach 1200 wurde die Lilie zum Madonnensymbol, zum Zeichen der jungfräulichen Reinheit. Zuvor galt die Lilie als ein Christussymbol, als Zeichen königlicher Würde und göttlicher Klarheit. So wurde die Lilie mit dem Szepterstab

23

25

24

26

Abb. 23: Lilienkapitell.

Abb. 24: Kapitell, das Bossen-, Voluten- und Würfelform verbindet.

Abb. 25: Kapitell mit pflanzlichen und geometrischen Schmuckformen.

Abb 26: Kapitell mit Masken- und Schlangenmotiv, mit doppelter Kämpferzone wie Abb. 24

Abb. 27: Kapitell mit Pinienzapfen.

Abb. 28: Kapitelle nahe dem Mathildengrab. (cf. Seite 21)

27

28

zum Lilienszepter verschmolzen, mit dem sich einige Äbtissinnen auf Brakteaten darstellen ließen.

Wir finden das Kapitell mit dem Lilienmotiv in der Mitte der Krypta. Im reizvollen Spiel der Linien verschlingen sich Bänder aus Kordelstäben mit den Lilienpaaren an jeder Seite. In einer Zeit, die für spirituelle Schönheit empfänglich war, konnte ein so ausgewogenes und zugleich symbolträchtiges Linienspiel zu einer Verheißung ohne Worte werden.

Im westlichen Teil der Krypta sind zwei Joche aus der älteren, 1070 abgebrochenen Kirche stehengeblieben. Die alten Pilzkapitelle mußten bis auf eins im 19. Jahrhundert erneuert werden. Nach der Pfeilerreihe setzt das Kreuzgewölbe ein, getragen von zehn freistehenden Säulen in zwei Reihen, jeweils fünf in einer Reihe.

Es reizt der Versuch, die zehn Kapitelle dieser Säulen als fünf einander zugeordnete Paare zu werten. Dem Paar an der Confessio folgen zwei Bossenkapitelle (cf. Seite 25) und dann zwei besonders phantasievoll geformte Volutenkapitelle mit doppelter Kämpferzeile. Nach dem Lilien- und Volutenkapitell folgt das letzte Paar, dessen krasser Gegensatz als Hinweis auf Tod und Leben gelesen werden kann. Während das eine Kapitell völlig kahl bleibt, kalt, starr, leblos, rotiert im anderen Kraft, Fruchtbarkeit und schwellende Lebensfülle. Breite Spiralen umschließen unterschiedlich große Früchte und Sonnenwirbel, die Seiten-übergänge werden durch je einen Pinienzapfen markiert.

Auch der Pinienzapfen ist ein Symbol der Unsterblichkeit, in vielen Kulturen überliefert, von Mythen über Vernichtung und Neuwerdung begleitet.[32] An drei Seiten sind die Pinienzapfen abgestumpft, aber an einer Seite ist die Frucht eindeutig identifizierbar und damit dieses Kapitell als Lebensbaumdarstellung ausgewiesen.

Die Paradiesgeschichte der Bibel erzählt von zwei Bäumen, dem Baum der Erkenntnis des Guten und des Bösen und dem Baum des Lebens. Als Adam und Eva vom Baum der Erkenntnis gegessen haben, bewirkt dieser Sündenfall die Sterblichkeit des Menschen. So wurde der Baum der Erkenntnis zu einem Baum des Todes.

In diesem, den Toten geweihten Gedenkraum, geben Steine Kunde von dem Leben, das den Tod überwindet. Wie ein priesterliches Ornat dienen auch Ornamente der festlichen Pracht einer Gottesdienststätte zur größeren Ehre Gottes.

Die Stiftskirche zu Quedlinburg

Die Gewölbemalerei in der Krypta

Die Krypta birgt nicht nur die Gräber des ersten deutschen Königspaares, die ältesten drei steinernen Reliefgrabplatten deutscher Kunst, die Fülle prächtiger romanischer Kapitelle, sondern auch umfangreiche Deckenmalerei mit äußerst brisantem Inhalt. Einmalig in der mittelalterlichen Kunst wird in zehn Bildern die Susannengeschichte dargestellt, die Geschichte von der Verfolgung einer unschuldigen Frau durch eine korrupte Männerregierung.

Um 1170, etwa 100 Jahre nach Errichtung der Krypta, wurden die Kreuzgewölbefelder dieser Unterkirche ausgemalt. Zuerst wurden die Umrißlinien aufgetragen, dann die zarten Lokalfarben.[33] Dieser erste und zweite Auftrag erfolgte in Freskotechnik und blieb erhalten. Die abschließende Seccomalerei deckte in starken Farben den Untergrund, ging aber verloren, so daß heute die Konturmalerei dominiert, während die Farbgebung viel von ihrer ursprünglichen Intensität eingebüßt hat.

Vieles ging im Lauf der Jahrhunderte verloren. Durch den Umbau des Hohen Chores um 1320 wurden die Malereien in den Seitenfeldern entlang der Wände zum größten Teil zerstört. Auch die Ausmalung des Ostteiles der Krypta verschwand mit der Zeit, schattenhafte Reste lassen keine Deutung zu. Nach der Einführung der Reformation wurde die Deckenmalerei übertüncht, 1906/07 wurde sie wieder freigelegt. Diese Arbeit erfolgte 'in robuster Weise', 'unsachgemäß'[34] durch den Kirchenmaler Reinhard Ebeling, der seinen Namen auf der Ostseite eines Kappenfeldes bei der Apsis verewigt hat. Nach der Freilegung der Malerei fertigte er 31 kolorierte Zeichnungen im Maßstab 1:1 an, dazu 16 Aquarelle, die in diesem Buch zum ersten Mal publiziert werden.

1967-1969 haben Restauratoren im Auftrag der Denkmalpflege die Deckenausmalung, eine Fläche von etwa 120 qm, sorgfältig konserviert, die Malerei umfassend gesichert, Verlorenes aber nicht ergänzt, Verblaßtes nicht nachgezeichnet, um die romanische Bildsprache unverfälscht zu bewahren.

In der Mitte der Krypta, am Rande der vertieften Vierung, setzt der erhaltene Bilderreigen mit der Geschichte von Susanna und dem Richter Daniel ein. Es handelt sich um einen apokryphen Text, der im Mittelalter als das 13. Kapitel des Danielbuches zur lateinischen Bibel gehörte. Er erzählt von der Keuschheit und standhaften Treue der schönen, verheirateten Susanna und klagt den Mißbrauch politischer Gewalt an. Zwei Richter, Inhaber der exekutiven Gewalt, bedrängen Susanna. Ihre sexuelle Begierde verleitet sie, nach dem vergeblichen Versuch einer Vergewaltigung, zum Meineid mit der Absicht eines Justizmordes.

Die in der jüdischen Diaspora sehr beliebte Geschichte ist ein Loblied auf die Gerechtigkeit Gottes und eine Ermahnung zur Wahrhaftigkeit. In der christlichen Tradition wurde Daniel (zu deutsch: Gott ist Richter) zu einem Prototyp des gerechten Richters, der im Auftrage Gottes handelt und die Kardinaltugenden Justitia (Gerechtigkeit), Fortitudo (Tatkraft, Durchsetzungsvermögen) und Prudentia (Klugheit) verkörpert. Er rettet Susanna, nachdem er durch Gottes Geist zum Richter berufen wird. Er deckt das Lügennetz der Verleumder auf und wird zum leuchtenden Beispiel göttlicher Gerechtigkeit, die den Gebetsschrei nach Gerechtigkeit erhört und den Elenden rettet.

Daniel 13 wird als eine jüdische Geschichte vorgeführt; die Männer tragen den Judenhut. Um so mehr überrascht, daß dieser Geschichte soviel Platz eingeräumt wurde. Sie wird in zehn Stationen aufgeteilt, von denen einige zuvor noch nie dargestellt wurden und wirkt so wie eine frühe Bildergeschichte. Lag den Stiftsdamen daran, Gerechtigkeit auch für sich einzuklagen?

Die Rollenverteilung von Mann und Frau in Dan. 13 muß in jener Zeit wie ein Fremdkörper gewirkt haben. Denn im christlichen Mittelalter wurde das weibliche Geschlecht als destruktivtriebhaft beschrieben, während das männliche Geschlecht sich durch Vernunft und Selbstbeherrschung auszeichne. Dieses negative Frauenbild wurde in theologischen und wissenschaftlichen Werken entfaltet,[35] oft unter Berufung auf antike Autoren. Aber auch populäre Volksstücke teilten diese Rollendarstellung, so daß ein emanzipierter Einspruch seitens der Stiftsdamen gegen dieses Negativ-Bild, etwa durch die Susannen-Adaption, für jene Zeit unvorstellbar ist, so sehr es verlockt, die Bildwahl als ein frühes Kapitel der Frauenbewegung zu werten.[36]

Die rechtliche Position der Frauen hatte sich gegenüber der Antike wesentlich verbessert und entsprach keineswegs dem pauschal abwertenden Frauenbild. Aber der rechtliche Schutz der Frauen wurde, lange vor dem Beginn der Hexenprozesse, zunehmend unterlaufen.

Etwa zeitgleich mit der Malerei erzählt ein englischer Chronist, wie ein Kanoniker bei einem Spaziergang einem Mädchen begegnet, sie anspricht, schließlich sein Verlangen nach 'sinnlicher Liebe' ausdrückt. Als sie sich ihm verweigert, zeigt er sie als Ketzerin an, denn nur eine Anhängerin der Katharerbewegung, der 'Reinen', würde sich verweigern. Dem Mädchen wird der Prozeß gemacht. Sie wird zum Tode verurteilt und verbrannt.[37]

Ähnliches konnte selbst adligen Stiftsdamen widerfahren. Der hohe Rang, die fürstliche Herkunft bewahrte auch Äbtissinnen nicht vor Übergriffen. Der sächsische Chronist Bruno zählt Gewalttaten des salischen Kaisers Heinrich IV. auf und berichtet: 'Viele und große Schandtaten dieser Gattung übergehe ich mit Absicht, weil ich zu seinen Verbrechen anderer Art eile. Nur dieses eine möge noch hier am Ende ausgeführt werden, was der gerechte Richter nicht ohne Strafe lassen möge, die Schmach nämlich, welche er seiner Schwester (Adelheid, Äbtissin in Quedlinburg 1062-1095) angetan hat, daß er sie mit Händen festhielt, bis ein anderer auf seinen

Die Gewölbemalerei in der Krypta

Befehl in Gegenwart des Bruders sie entehrt hatte. Es half ihr nichts, daß sie die Tochter eines Kaisers, daß sie des Königs einzige rechte Schwester von beiden Eltern war, daß sie durch einen heiligen Schleier Christus zu ihrem Bräutigam erwählt hatte'.[38] Mag sein, daß antisalischer Haß die Phantasie des sächsischen Chronisten beflügelte, aber auch als tendenziöse Unterstellung dokumentiert sein Bericht die gefährdete Stellung der Kanonissen.

Wieviel Demütigungen und Unrechtserfahrungen gaben wohl den Ausschlag, bei einem Bildprogramm in der Krypta über die königliche Tugend der Gerechtigkeit so ausführlich das Schicksal der Susanna buchstäblich vor Augen zu führen?

Die kaiserliche Abstammung der ersten Äbtissinnen hatte dem Stift zweihundert Jahre lang Ansehen, Unterstützung und Privilegien verschafft, aber inzwischen wandte sich die kaiserliche Gunst anderen Regionen zu. Quedlinburg hörte auf, ein Machtzentrum zu sein. Die Verwaltung des Stiftgutes durch einen Schutzvogt bot keinen Schutz mehr, denn die Schutzherren bereicherten sich ungeniert und trugen zur Verarmung des Stiftes bei. Schwierigkeiten gab es auch ständig mit den Bischöfen von Halberstadt, die sich nicht damit abfinden wollten, daß das Stift samt seinem Territorium ihnen nicht unterstellt war.[39]

Kriegerische Auseinandersetzungen, soziale Umbrüche, Investiturstreit, Thronwirren, Kreuzzugsmentalität - viele Bedrängnisse sind vorstellbar.

Den Stärkeren ist der Schwache ausgeliefert, auch das schwache Geschlecht, aber es gibt selbst für die stärksten Rechtsbrecher ein göttliches Gericht. Die Steinigung der beiden Richter diente als Menetekel.

Mit diesem Hinrichtungsbild aber endet nicht der Bilderzyklus, sondern mit der Darstellung eines Festmahles. Der apokryphe Text berichtet nichts davon; das Festessen haben die Kanonissen erfunden und hinzugefügt. Der Sieg der Gerechtigkeit wird gefeiert, der Schrecken über die tödliche Verleumdung abgebaut, die ungebrochene Zuneigung des Ehemanns zu seiner Frau demonstriert. Es erinnert an das oft in Gleichnissen Jesu gebrauchte Bild vom Hochzeitsmahl als Zeichen endzeitlicher Erfüllung. Zwar steht auf dem Spruchband ausdrücklich der Name 'Jojakim', aber das schließt nicht aus, daß die Stiftsdamen das Schicksal der Susanna auch unter dem Aspekt der Christusminne meditiert haben. Bereits in dem ältesten erhaltenen Kommentar zu einem Buch der Bibel, in dem Kommentar zum Danielbuch, geschrieben von Hippolyt von Rom um 202/04, wird Susanna als Vorbild der christlichen Kirche und Jojakim als Vorausgestalt Christi verstanden.[40] So dient die ausführliche Bilderpredigt verschlüsselt der Selbstdarstellung und mahnt zu Keuschheit und Gebet.

Jede Konventualin empfing bei ihrer Aufnahme den Brautschleier als verpflichtendes Gewand. Sie gehörte nun dem Bräutigam Christus.

Von der Äbtissin Adelheid I. (999-1045) wird in den 'Quedlinburger Jahrbüchern' berichtet - möglicherweise von ihr selbst -, daß sie 'mit dem heiligen Schleier dem himmlischen Bräutigam Christus durch den Bischof verpfändet wurde'. Sie habe 'um Christi Liebe willen selbst königliche Freier verschmäht'.

Susanna diente als Vorbild, dem Bräutigam Christus die Treue zu halten. Jede Konventualin war berufen, wie Susanna die Tugenden Sanctimonia (heilige Unschuld), Continentia (Standhaftigkeit) und Humilitas (Bescheidenheit) zu leben und zu bewähren. Denn nur wer die Treue bis in den Tod durchhält, empfängt die Krone des Lebens.

In der Endzeit wird die Kirche als Braut dem Bräutigam zugeführt (Offbg. 21, 2.9). Irgendwann einmal in einer Nacht wird der Ruf ertönen: 'Der Bräutigam kommt'. Kluge Jungfrauen sind gerüstet, ihn zu empfangen (Matth. 25, 1-13). Denn ihre Seelen sind 'ständig entflammt von dem Verlangen nach ihrem Bräutigam'.[41] So lebt eine Konventgemeinschaft, in der jedes Mitglied den Schleier der himmlischen Hochzeit trägt, im Vorgriff auf die zukünftige Heilszeit.

Wie Susanna als 'Tochter Juda' das wahre Israel abbildet, so gleicht die klosterähnliche Gemeinschaft dem Bild wahrer Kirche. In ihrer asketischen Frömmigkeit waren sie, weil Gott die Schwachen erwählt, nun - entgegen dem üblichen Negativbild - den Männern überlegen. Ihre Keuschheit und unverbrüchliche Treue zu Christus führen sie zurück ins Paradies, aus dem die Begierde einst die Vorfahren vertrieb.

'Wie glücklich sind doch diese Bräute, die so hehr, so rein dem Gemahl entgegenstreben, der ihnen hoch oben aus dem Himmel seine Liebe schenkt. Er erwartet sie in seinem königlichen Lager. Er wird sie in die Arme schließen'.
(Hildebert von Lavardin, Bischof von Le Mans, 1056-1134)[42]

*Details des Originalzustandes der Deckenmalereien.
Oben: Salomogeschichte
Unten: Susanna (4)*

Die Geschichte von Susanna und dem Richter Daniel (1)

(1) V. 5
Das Bild ist weithin zerstört. Der Restbestand der oberen Bildhälfte zeigt Gruppen und Einzelpersonen, die durch vier Bogen einer Arkadenreihe herausgestellt werden: rechts eine Versammlung jüdischer Männer, in der Mitte zwei Einzelpersonen, links drei Frauen, die eine trägt ein ockerfarbenes Gewand mit Brosche. In diesem Eingangsbild des Susannenzyklus werden die beiden frisch gewählten Richter vorgestellt.

Die Geschichte von Susanna und dem Richter Daniel (2)

V. 1-7

(1) In Babylon lebte ein Mann namens Jojakim. (2) Er hatte eine Frau namens Susanna geheiratet, die Tochter Hilkias; sie war überaus schön und gottesfürchtig, (3) denn ihre Eltern waren rechtschaffen und hatten ihre Tochter nach dem Gesetz des Moses erzogen. (4) Jojakim war sehr reich, und ihm gehörte ein Lustgarten, der an sein Haus grenzte. Die Juden pflegten sich bei ihm in großer Zahl zu treffen, weil er der Angesehenste von allen war.
(5) Als Richter waren in jenem Jahr zwei Älteste aus dem Volk bestellt, von denen galt das Wort des Herrn: 'Die Ungerechtigkeit ging von Babel, von Ältesten und Richtern aus, die sich als Leiter des Volkes ausgaben.' (6) Diese gingen aus und ein in Jojakims Haus, und es kamen zu ihnen alle, die einen Rechtsfall hatten.
(7) Wenn sich nun gegen Mittag das Volk verlaufen hatte, betrat Susanna den Garten ihres Mannes und ging darin spazieren.

Dieses Bild gibt einige Rätsel auf. Ein bärtiger Mann in weiblicher Begleitung spricht mit einem jungen Mann, dahinter Dienergefolge, männlich und weiblich. Durch Vergleich mit dem Schlußbild des Susannen-Zyklus (Nr. 10) wird klar, daß es sich bei dem bärtigen Mann um Jojakim handelt. Seine Frau begleitet ihn. Die helle Farbgebung und die üppigen Gewandfalten über den Unterarmen entsprechen der Susannendarstellung auf den nächsten beiden Bildern.

Aber wer ist die zartlila gemalte Gestalt, auf die Jojakim einredet? Judenhut und Gürtel weisen ihn als einen Diener aus. Unter geschickter Ausnutzung der Dreiecksform des Gewölbefeldes betritt er den Garten, der durch Ast und Blätter angezeigt ist. Laut Text betritt Susanna mit zwei Dienerinnen den Garten, um zu baden. Mag sein, daß in geistlichen Schauspielen der Susannengeschichte Jojakim einen Diener beauftragt, einige Vorbereitungen und Sicherungen für das Bad seiner Frau zu treffen. Mit beschwörender Eindringlichkeit wird sorgfältigste Erledigung verlangt.

Die Geschichte von Susanna und dem Richter Daniel (3)

V. 8-21

(8) Die beiden Ältesten schauten jeden Tag ihr nach und entbrannten in Begierde nach ihr. (9) Sie verkehrten ihren Sinn und wandten ihre Augen davon ab, zum Himmel zu schauen und an Gerechtigkeit und Recht zu denken. (10) Alle beide waren ihretwegen liebeswund, doch keiner verriet dem anderen sein Liebesweh; (11) denn sie schämten sich doch, ihr Verlangen zu verraten, daß sie mit ihr zusammenkommen möchten. (12) So lauerten sie täglich um die Wette, sie zu sehen. (13) Eines Tages sagte der eine zum anderen: 'Wir wollen nach Hause gehen, denn es ist Essenszeit!' Sie gingen also weg und entfernten sich voneinander; (14) doch drehte jeder um, und so trafen sie wieder zusammen. Als sie nun einander ausfragten, gestanden sie einander ihr Verlangen. Daraufhin verabredeten sie Zeit und Gelegenheit, wann sie Susanna wohl alleine treffen könnten. (15) Als sie nun auf einen günstigen Tag warteten, geschah es, daß jene wieder einmal, wie gewöhnlich nur von zwei Dienerinnen begleitet, hereinkam und im Garten ein Bad zu nehmen verlangte, denn es war sehr heiß. (16) Es war niemand dort außer den zwei Ältesten, die sich versteckt hatten, um sie zu belauern. (17) Sie sagte zu den Dienerinnen: 'Holt mir Öl und Salben und schließt die Türen des Gartens, damit ich mich baden kann.' (18) Sie taten, wie sie gesagt hatte, verschlossen die Gartentüren und gingen durch die Hintertür hinaus, um das Verlangte zu holen; sie sahen aber die Ältesten nicht, denn die hielten sich versteckt.

(19) Sobald nun die Dienerinnen hinausgegangen waren, erhoben sich die beiden Ältesten, eilten zu ihr hin (20) und sagten: 'Siehe, die Türen des Gartens sind verschlossen, niemand sieht uns; wir brennen vor Verlangen nach dir; darum sei uns zu Willen und gib dich uns hin. (21) Falls aber nicht, so werden wir gegen dich bezeugen, daß ein junger Mann mit dir zusammen gewesen sei und du deshalb die Dienerinnen weggeschickt habest.'

Die Bildkomposition wird durch ein Rankenwerk ockerfarbener Äste, Zweige und meist farbloser Blätter bestimmt. Die unterschiedliche Blattform weist auf das spätere Verhör durch Daniel hin, der die beiden Richter durch die Frage nach den unterschiedlichen Bäumen Eiche und Linde in Widersprüche verwickelt und sie der Lüge überführt.

Während links die Dienerin enteilt, um die Salben zu holen, tauchen die beiden Männer aus dem Dickicht auf. Der vordere kreuzt seine Hände auf der Brust und beteuert seine Liebe. Der andere bedroht Susanna, der Daumen seiner rechten Hand ist auffällig eingeknickt, um die anklagende Wirkung der zwei ausgestreckten Finger zu verstärken. *'Ergib dich uns! Verkehr mit uns!'*

Ein Baum in der Mitte trennt - noch - Susanna von den beiden Männern. Susanna sitzt auf einem Felsen, aus dem ein Wasserstrom entspringt, dessen Wellenlinien fast bis zum Kämpfer reichen. Susanna beteuert ihre Unschuld. Das strömende Wasser unterstreicht, wo hier der, die Gerechte zu finden ist.

Psalm 1 *'Der Gerechte gleicht einem Baum, gepflanzt an Wasserbächen ...'*

Amos 5,24 *'Es ströme das Recht wie Wasser und die Gerechtigkeit wie ein nie versiegender Bach.'*

Die Geschichte von Susanna und dem Richter Daniel (4)

V. 22-26

(22) Da seufzte Susanna und klagte: 'Bedrängnis umgibt mich von allen Seiten! Denn wenn ich das tue, ist mir der Tod gewiß; und tue ich es nicht, so werde ich euren Händen nicht entrinnen! (23) Doch ist es immer noch besser für mich, es nicht zu tun und in eure Hände zu fallen, als vor dem Herrn zu sündigen.'
(24) Hierauf schrie Susanna mit lauter Stimme, aber auch die beiden Ältesten schrien wider sie; (25) und einer von ihnen lief hin und öffnete die Tür des Gartens. (26) Sobald aber die Hausangehörigen das Geschrei im Garten hörten, eilten sie durch die Hintertür hinein, um zu sehen, was ihr zugestoßen sei.

Im Spruchband sind die ersten Worte des Gebetes wiedergegeben, mit denen Susanna Gott um Hilfe anfleht: 'ANGUSTIE M(IHI) SU(N)T (U)NDIQUIE' 'Bedrängnis umgibt mich von allen Seiten!' Sie betet mit den Worten Davids (2. Sam. 24,14), so wie Christus am Kreuz mit den Worten eines Psalmgebetes zu Gott schrie (Mc. 15,34 = Ps. 22,2). Dieser Rückgriff auf vertraute Gebetstexte ist mehr als bloßes Zitieren, es ist die eingeübte Intimsprache derer, die einander vertraut sind.

Zweimal werden in ihrer Klage die Hände der Widersacher erwähnt (V. 22.23). Das Bild zeigt deutlich, wie hilflos sie diesen Männerhänden ausgeliefert ist. Die beiden Verleumder haben Susanna buchstäblich fest in ihrer Hand. Den Beschuldigungen aus ihrem Mund wird sicher mehr Glauben geschenkt als den Unschuldsbeteuerungen einer Frau. Die angeblichen Ehrenmänner drängen sich verdächtig eng an Susanna, vier Hände packen zu, halten die helle Frauengestalt am Oberarm und Handgelenk fest, um sie als ertappte Sünderin vorzuführen. Ihr sexuelles Verlangen ist umgeschlagen in handgreifliche Brutalität. Wie konnte es eine Frau wagen, ihnen nicht zu Willen zu sein! Solche Unbotmäßigkeit muß bestraft werden!

Durch die geöffnete Hintertür kehrt die erste Dienerin bereits zurück (V. 22-26)

Die Geschichte von Susanna und dem Richter Daniel (5)

V. 27

(27) Als die Ältesten ihre Erklärungen abgegeben hatten, waren die Diener sehr betroffen; denn noch niemals war so etwas der Susanna nachgesagt worden.

Die fünf bartlosen Männer tragen einen Gürtel wie die Gerichtssoldaten in der Salomo-Darstellung. Sie sind aufs äußerste erregt. Von rechts eilt ein Mann herbei, ein wenig kleiner als die anderen, damit er mit seinem Hut durchs Tor paßt. Sein Redegestus wirkt anklägerisch und steigert die beschwörende Abwehr der anderen Männer. Sie, die Diener des Jojakim, haben so etwas noch nie über Susanna gehört, müssen vielleicht nun auch noch ihre eigene Unschuld beweisen. Wer weiß, wer da noch alles in diese Geschichte hineingezogen wird?

Die Darstellung dieses Details der Susannengeschichte ist ungewöhnlich, in anderen Susannenabfolgen nicht enthalten. Es geht um den guten Ruf des Stiftes, der Kanonissen und letztlich der Kirche Christi in dieser Welt. Sie bleibt Verleumdungen ausgesetzt. Je treuer sie sich zu ihrem Herrn bekennt, desto heftiger wächst die Lust, ihr mit Häme zu begegnen.

Der graugrüne Hintergrund ist wie bei dem vorigen Bild 4 gut erhalten, aber gerade bei diesen beiden Bildern sind auch die Kratzspuren von 1906, als die Deckenmalerei freigelegt wurde, deutlich zu sehen.

Die Geschichte von Susanna und dem Richter Daniel (6)

V. 28-41

(28) Als am anderen Tag das Volk sich bei ihrem Mann Jojakim versammelte, kamen auch die beiden Ältesten, erfüllt von der frevelhaften Absicht, Susanna dem Tode zu überliefern. Sie sagten vor dem versammelten Volk: (29) 'Schickt nach Susanna, der Tochter Hilkias, der Frau Jojakims!' Und man schickte nach ihr. (30) Sie kam, sie und ihre Eltern und ihre Kinder und alle ihre Verwandten. (31) Susanna war aber eine ungewöhnlich blühende und hübsche Erscheinung. (32) Um sich an ihrer Schönheit zu ergötzen, befahlen nun die Gesetzesfrevler, sie zu entschleiern; sie war nämlich verschleiert. (33) Ihre Angehörigen aber und alle, die sie sahen, weinten. (34) Nun erhoben sich die beiden Ältesten inmitten des Volkes und legten ihre Hände auf ihr Haupt. (35) Sie aber schaute weinend zum Himmel auf, denn sie vertraute von Herzen auf den Herrn. (36) Dann sagten die Ältesten aus: 'Während wir allein im Garten umhergingen, kam diese herein mit zwei Dienerinnen; sie ließ die Gartentüren schließen und schickte die Dienerinnen fort. (37) Da kam zu ihr ein junger Mann, der versteckt gewesen war, und legte sich mit ihr nieder. (38) Wir waren gerade in einer entfernten Ecke des Gartens; als wir den Frevel sahen, liefen wir zu ihnen hin. (39) Wir ertappten sie beim Verkehr, konnten aber jenen Mann nicht festnehmen, weil er stärker war als wir, das Tor öffnete und entwich. (40) Diese jedoch faßten wir und fragten sie: „Wer war der junge Mann?"(41) Sie wollte es uns aber nicht verraten. Das bezeugen wir.' Die Versammlung schenkte ihnen, als Älteste und Richter des Volkes Glauben. So verurteilte man sie zum Tode.

Das Volk ist zur Verhandlung zusammen gekommen, unter ihnen die Eltern, Kinder und Verwandten der Beklagten. Der Richterspruch wird aber nicht durch das Volk, sondern durch ein Priesterkollegium gesprochen, auf der rechten Seite durch fünf Vertreter dargestellt, mit der gleichen gerafften Robe wie die beiden Ankläger. Die stehen in der ersten Reihe der linken Gruppe, die eine Hand auf das Haupt der Susanna gelegt,[43] die andere Hand zur Anklage erhoben. Die Hand des rechten Anklägers berührt die Hand eines Richters, man kennt sich, man versteht sich, man kann einander vertrauen.

Eine faire Prozeßführung findet nicht statt, audiatur et altera pars ist unbekannt. Das Todesurteil wird gefällt, ohne daß sich Susanna verteidigen konnte. Eingekeilt in diese Männerriege, beteuern ihre Hände ihre Unschuld. Aber sie wird gar nicht gehört.

Auch die sie begleitende Sippe kann daran nichts ändern. Die Frauen sind in den Hintergrund verbannt. Keine von ihnen, nicht einmal ihre Mutter, kann zu Susanna vordringen. Abgeschirmt von den sie überragenden Männern wird sie zum Tode verurteilt.

In Bild vier und sechs verkörpert Susanna die Tugenden der heiligen Unschuld (sanctimonia), der Standhaftigkeit (continentia) und der Demut (humilitas).

Die Geschichte von Susanna und dem Richter Daniel (7)

V. 42-50

(42) Susanna aber rief mit lauter Stimme und betete: 'Ewiger Gott, der das Verborgene kennt und alles weiß, bevor es noch geschieht: (43) Du weißt, daß sie falsches Zeugnis wider mich abgelegt haben. Siehe, ich muß sterben, obwohl ich nichts von dem getan, was diese Böses wider mich erdichtet haben. (44) Und der Herr erhörte ihr Rufen. (45) Denn als sie zur Hinrichtung abgeführt wurde, erweckte Gott den heiligen Geist eines noch recht jungen Mannes namens Daniel; (46) der schrie mit lauter Stimme: 'Ich bin unschuldig an dem Blut dieser Frau!' (47) Alles Volk wandte sich um zu ihm und fragte: 'Was willst du mit deinem Ausruf sagen?' (48) Nun trat er mitten unter sie und sprach: 'So töricht seid ihr, Israeliten? Ohne Untersuchung und ohne genauere Kenntnis des Sachverhaltes habt ihr eine Israelitin verurteilt? (49) Kehrt zum Gericht zurück! Denn diese haben falsches Zeugnis wider sie abgelegt!' (50) Da kehrte das ganze Volk eilends wieder um. Die Ältesten sagten zu ihm: 'Komm, setz dich in unsere Mitte und berichte uns! Denn dir hat Gott die Ältestenwürde gegeben.'

'In unsere Mitte' - Daniel hat sich auf den Richterplatz gesetzt. Majestätisch thront er inmitten der acht Richter, die sich mit heftigen Handbewegungen ihm zuwenden. Alle reden auf Daniel ein. Der eine will von Anfang an den Verleumdern nicht geglaubt haben, der andere hatte sich auf das Urteilsvermögen der Kollegen verlassen, der nächste erklärt, wie sollte er das Lügengewebe durchschauen, da es sich doch um ehrenwerte, gewählte Richter handelte. Keiner will als erster den Stab über Susanna gebrochen haben, das war natürlich einer der anderen. Diesem Getümmel gegenseitiger Beschuldigungen gebietet Daniel Einhalt. Seine frontale Gestalt hebt sich in ihrer Ruhe deutlich von den gestikulierenden Männern ab. Die Autorität seiner Rechten ist unmißverständlich und glaubwürdig. Nun wird das Verborgene offenbar, die falschen Zeugen der Lüge überführt und ein endgültiges Urteil im Namen göttlicher Gerechtigkeit gesprochen.

Bei der Aufteilung der einzelnen Szenen korrespondiert dieses Bild mit dem letzten Bild des Zyklus, so daß die gesamte Fläche zwischen den beiden Säulenpaaren mit den Susannenbildern ausgefüllt wurde.

V. 51-61

(51) Da sprach Daniel zu ihnen: 'Sondert sie weit voneinander, ich will sie verhören.'
(52) Als nun einer vom anderen gesondert war, rief er den einen von ihnen heran und sprach zu ihm: 'Du in langer Bosheit Altgewordener! Nun kommen deine früher begangenen Sünden an den Tag, (53) da du ungerechte Urteile fälltest und die Unschuldigen verurteiltest, die Schuldigen aber freisprachst, wo doch der Herr sagt: Einen Unschuldigen und Gerechten sollst du nicht töten. (54) Nun also, wenn du diese wirklich gesehen, sag an: Unter was für einem Baum sahst du sie buhlen?' 'Unter einem Spaltbaum' (55) Daniel aber sagte: 'Trefflich hast du gelogen gegen deinen eigenen Kopf; denn schon hat ein Engel Gottes Weisung erhalten und wird dich mittendurch spalten.'
(56) Nachdem er ihn hatte wegbringen lassen, befahl er, den anderen vorzuführen. Zu ihm sagte er: 'Du Sproß Kanaans und nicht Judas, die Schönheit hat dich verführt, und die Begierde hat dein Herz verkehrt. (57) So habt ihr es mit den Töchtern Israels machen können, und sie verkehrten mit euch, weil sie Angst hatten, aber diese Tochter Judas duldete nicht eure Gesetzlosigkeit. (58) Nun also, sage mir: „Unter welchem Baum hast du sie ertappt, miteinander buhlend?"' Der aber sprach: 'Unter einem Sägebaum.' (59) Daniel aber sagte zu ihm: 'Trefflich hast du gegen deinen eigenen Kopf gelogen. Denn der Engel Gottes steht mit dem Schwert bereit, dich mittendurch zu sägen, um euch auszutilgen.' (60) Da brach die ganze Versammlung in laute Zurufe aus und alle priesen Gott, der die rettet, die auf ihn hoffen. (61) Nun schritt man gegen die zwei Ältesten ein, weil Daniel sie aus ihrem eigenen Munde als falsche Zeugen überführt hatte.

Von der zweiten Gerichtsverhandlung, bei der nun die beiden Richter angeklagt werden, haben sich nur geringe Reste erhalten, aber der Gerichtsengel mit dem Schwert ist noch im Südzwickel auszumachen. In den Einzelverhören verwickeln sich die beiden Angeklagten in Widersprüche. Die Gerechtigkeit siegt, sie schützt die Unschuldige. Das Strafgericht über die Schuldigen zeigt das neunte Bild auf recht drastische Weise.

Die Geschichte von Susanna und dem Richter Daniel (8)

V. 62-64

(62) Man ließ sie, dem Gesetz des Moses gemäß, die Strafe erleiden, die sie ihrem Nächsten zugedacht hatten, und tötete sie. So wurde unschuldiges Blut an jenem Tag gerettet.
(63) Hilkia aber und seine Frau lobten Gott wegen ihrer Tochter Susanna - ebenso wie ihr Mann Jojakim und alle ihre Verwandten -; weil kein unsittliches Tun bei ihr gefunden worden war.
(64) Daniel aber stand in hohem Ansehen bei dem Volk von jenem Tag an und danach.

Die Empörung ist umgeschlagen. Die blutrünstige Stimmung, die die beiden Richter erzeugt haben, fällt auf sie selber zurück und trifft sie mit tödlicher Härte. Die beiden Männer werden gesteinigt. Die zusammenlaufenden Linien des Zwickels wirken wie ein Sog, der die Wucht der geschleuderten Steine steigert. Die beiden Verurteilten sind zu Boden gestürzt. Ihre sonst immer konforme Körperhaltung geht unter in einem chaotischen Durcheinander der unteren Linien.
Ganz anders die Vollstrecker des Urteils. Sie schleudern mit geballter Kraft Kugelsteine auf die Verurteilten. Um mit den Armen weit ausholen zu können, haben sie das Obergewand zurückgeschlagen. Von dem Kopf der linken Figur ist nur eine Bartlocke und die Spitze des Judenhutes zu sehen. Die mittlere Gestalt wird durch die breiten Linien des Gewandes zu einem Monument der Vergeltung.

Die Geschichte von Susanna und dem Richter Daniel (9)

Die Geschichte von Susanna und dem Richter Daniel (10)

(10)
Ein Fest wird gefeiert, von dem im Bibeltext nichts zu lesen ist. Aber die Inschrift '(J)OACHI(M) SUSAN' des mittleren Bogens belegt, daß dieses Bild zum Susannen-Zyklus gehört. Eingerahmt von aufragender Palastarchitektur markieren drei Bögen einen Festsaal. Das Mahl auf dem Tisch wird nicht üppig ausgemalt. Von den beiden Frauen unter dem rechten Bogen greift eine mit beiden Händen zu, während die andere auf sie einspricht, da sie die aufregenden Ereignisse noch verarbeiten muß.

Ähnlich die linke Zweiergruppe: dem rechten Mann bleibt nur wenig Platz am Tisch, er zwängt sich hinter der Schulter des Jojakim an den Tisch, kann so aus der seitlichen Position nur mit einer Hand zugreifen. Das Paar in der Mitte ist einander zugetan, Jojakim reicht seiner Frau den Teller.

Mit diesem Freudenmahl wird Susanna belohnt, Krönung für ihre unverbrüchliche Treue. Die Darstellung entspricht der alttestamentlichen Tradition, daß Tischgemeinschaft als Proklamation einer Rehabilitierung verstanden wurde (2. Kön. 25, 27-30)

Stärker als Daniel galt Salomo als das vorauslaufende Vorbild göttlicher Gerechtigkeit, der - in typologischer Entsprechung - über sich hinausweist auf die Vollendung in Christus, dem gerechten Weltenrichter. Salomo wurde zum Repräsentanten königlicher Weisheit, insbesondere durch den Richterspruch, mit dem er den Streit zweier Mütter um ein Kind entschied.⁽⁴⁴

Das salomonische Urteil:
Zwei Mütter streiten sich um ein Kind. Sie sind Nachbarn. Eine von ihnen hat das eigene Kind im Schlaf erdrückt. Hat sie in der Nacht die Kinder ausgetauscht? Wem gehört das lebende Kind? Der Streitfall wird vor dem Thron des Königs Salomo ausgetragen.

Da sagte Salomo: 'Ich sehe, hier steht Aussage gegen Aussage.' Er ließ ein Schwert bringen und befahl seinen Leuten: 'Zerschneidet das lebende Kind in zwei Teile und gebt jeder von ihnen die Hälfte!' Da geriet die Mutter des Kindes außer sich vor Angst und rief: 'Mein Herr und König! Gebt es ihr, aber laßt es leben!' Die andere aber sagte: 'Weder dir noch mir soll es gehören! Zerschneidet es nur!'
Der König entschied: 'Tötet es nicht! Gebt es der ersten! Sie ist seine Mutter!' (1.Kön.3)

Buchstäblich aufschauen muß der Betrachter der Wandmalereien, um den weisen, gerechten König Salomo zu entdecken. Er thront unmittelbar vor dem Nordportal⁽⁴⁵ in übergreifender Größe (Abb. Seite 63 links). Die Farben sind verblaßt, aber einige Linien sind geblieben. Zum Thron Salomos führt das Spruchband der wahren Mutter, die um ihr Kind kämpft. Sie kann nicht mitansehen, was mit ihrem Kind geschehen soll.

Zwei Gerichtsdiener halten das nackte Kind; der eine ist im Begriff, das Kind längsseits zu spalten, die Handbewegung des anderen weist auf die wahre Mutter. Die andere Mutter schaut seelenruhig zu. Ob es ihr Erleichterung verschafft, dem eigenen Unglück fremdes Unglück hinzuzufügen?

Das salomonische Urteil (1)

Das salomonische Urteil (2)

Das zweite Bild der Salomogeschichte schließt sich zur rechten Seite an. Der Diener mit dem braunen Gewand übergibt das Kind der echten Mutter. Alle vier Hände umschließen das Kind, das seine Ärmchen zur Mutter ausstreckt und diese Gerichtsprozedur hoffentlich ohne traumatische Nachwirkung überstanden hat. Links und rechts füllt weites Grün die Bildfläche, denn wo Gerechtigkeit wohnt, da grünt es.

So heißt es im Psalm 72, dem Preisgesang und Segenswunsch für den König Salomo (V. 1.15.16) *'Gott, gib dem König die Weisheit, in deinem Sinne Recht zu sprechen; ihm, dem rechtmäßigen Erben des Thrones, gib deine richterliche Vollmacht! Der König soll leben! Der Weizen wachse im ganzen Lande bis hinauf auf die Gipfel der Berge. Die Städte sollen blühen und gedeihen wie die satten grünen Wiesen.'*

Während Daniel und Salomo den alten Bund vertreten, vollzieht sich der neue Bund durch Wundertaten des Gottessohnes. In der Speisung der Fünftausend lädt er zur Tischgemeinschaft ein, die im Abendmahl gefeiert wird; in der Auferweckung des Lazarus rettet er den Sünder zu neuem Leben wie in einer Taufe.[46]

Die Speisung der Fünftausend.
Vier mit Laubwerk ausgeschmückte Gewölbebogen markieren den Übergang der alttestamentlichen Susannengeschichte zu dem neutestamentlichen Bericht von der Speisung der Fünftausend. Die Darstellung nimmt zwei Kappen und das dazwischen liegende Gewölbefeld ein. Die Anordnung im Mittelfeld der Krypta sowie die Größe der Christusgestalt heben diese Christuserscheinung heraus. Christus ist die beherrschende Mitte, ihm zur Seite zwei Jünger, die das Lebensbrot an die Empfänger verteilen werden. (cf. Seite 120)
In der Johannesversion der Speisung der Fünftausend wird berichtet, daß ein Junge fünf Brote und zwei Fische habe, aber *'was ist das für so viele?'* (Joh. 6) Zwei Finger über dem Spruchband hinweg zeigen auf dieses Kind, das mühsam die zwei Fische und die fünf Brote auf seinem Arm hält. Die kleine Gestalt steigert die Mächtigkeit der mittleren Gruppe.
Drei Spruchbänder in geschwungenen Linien verrieten einst, wie diese Geschichte der wunderbaren Speisung ausgelegt wurde. Schon in frühchristlicher Zeit wurde dieses Jesuswunder als Präfiguration des Abendmahles verstanden. Besonders an Stätten der Totenverehrung wurde diese Geschichte dargestellt, da die Deuteworte Jesu zu dieser Brotvermehrung in Joh. 6 auf das ewige Leben und die Tischgemeinschaft der Seligen mit Christus im Himmelreich hinweist: *'Wer von diesem Brot ißt, der wird leben in Ewigkeit.'* (Joh. 6,51)

Die Speisung
der Fünftausend
(1)

Die Speisung der Fünftausend (2)

Zur Linken der Dreiergruppe hat sich eine große Menschenmenge zusammengefunden. Die gemeinsame Blickrichtung verbindet sie, auch weisen einige Hände in die gleiche Richtung. Wer ein Ziel hat, hat auch Weggefährten. Die Gruppe ist unterwegs, um Jesus zu sehen und zu hören. Einer, eine schaut zurück, Belebung in der monoton wirkenden Gruppendarstellung. Auch der die Gruppe anführende Mann wendet sich im Gespräch zu seinen Begleitern um.

In einem Text der Abendmahlsliturgie heißt es: *'Du schenkst uns die Brüder und Schwestern, die mit uns den gleichen Weg des Glaubens gehen.'*

Die Speisung der Fünftausend (3)

Unter der Leitung eines Apostels, rechts am Tischende, haben sich vierundzwanzig Gäste zu einer Tischrunde versammelt. Brot und Fisch sind nicht auf dem Tisch zu finden, dafür aber Tischfalten wie ausgelegte Schnüre, die - absichtlich oder nicht - die Verbindung untereinander verdeutlichen. Die Blicke der Tischgäste sind nicht auf den Apostel gerichtet, sondern einander zugewandt. Es ist ein locker-fröhliches Zusammensein, bei dem Rang- und Standesunterschiede nicht mehr zählen. Auch der Hintermann wird wahrgenommen, denn zum Schulterschluß gehört die wache Aufmerksamkeit füreinander. Christus ist gegenwärtig in seiner Kirche durch Wort und Sakrament. Er hielt Tischgemeinschaft mit Sündern und Zöllnern. Tischgemeinschaft, die soziale und politische Schranken überwindet, wurde zum Sinnbild des Evangeliums Jesu. Er setzte das Abendmahl ein als Zeichen fortdauernder Tischgemeinschaft und als Vorfeier des Heilsmahls der Endzeit.
Sakramentale Kommunion mit Christus bewirkt Kommunikation der Tischgäste untereinander, denn Tischgemeinschaft ist Lebensgemeinschaft.
Es fällt auf, daß in der Krypta zwei Mahlzeiten dargestellt werden. Die Speisung der Fünftausend führt Menschen zu einer Tischgemeinschaft zusammen; das Festmahl zum Abschluß des Susannendramas stärkt die eheliche Gemeinschaft. Durch diese Doppelung wird die im Profanen wie auch im kirchlichen Leben suggestive Kraft eines gemeinsamen Mahles demonstriert.[47] Durch die Eucharistie wird die Kirche als Braut eins mit Christus, denn der Vollzug des Abendmahles ist im höchsten Grad Liebesmysterium.[48]
Heute ist es zur Tradition geworden, daß am Gründonnerstag Abend, an dem Abend, an dem Christus das Abendmahl einsetzte, unter dieser Deckenmalerei Tische aufgestellt werden und eine Gemeinde, meistens nicht größer als die dargestellte Tischrunde, sich trifft, um Tischgemeinschaft mit Christus und untereinander zu feiern.

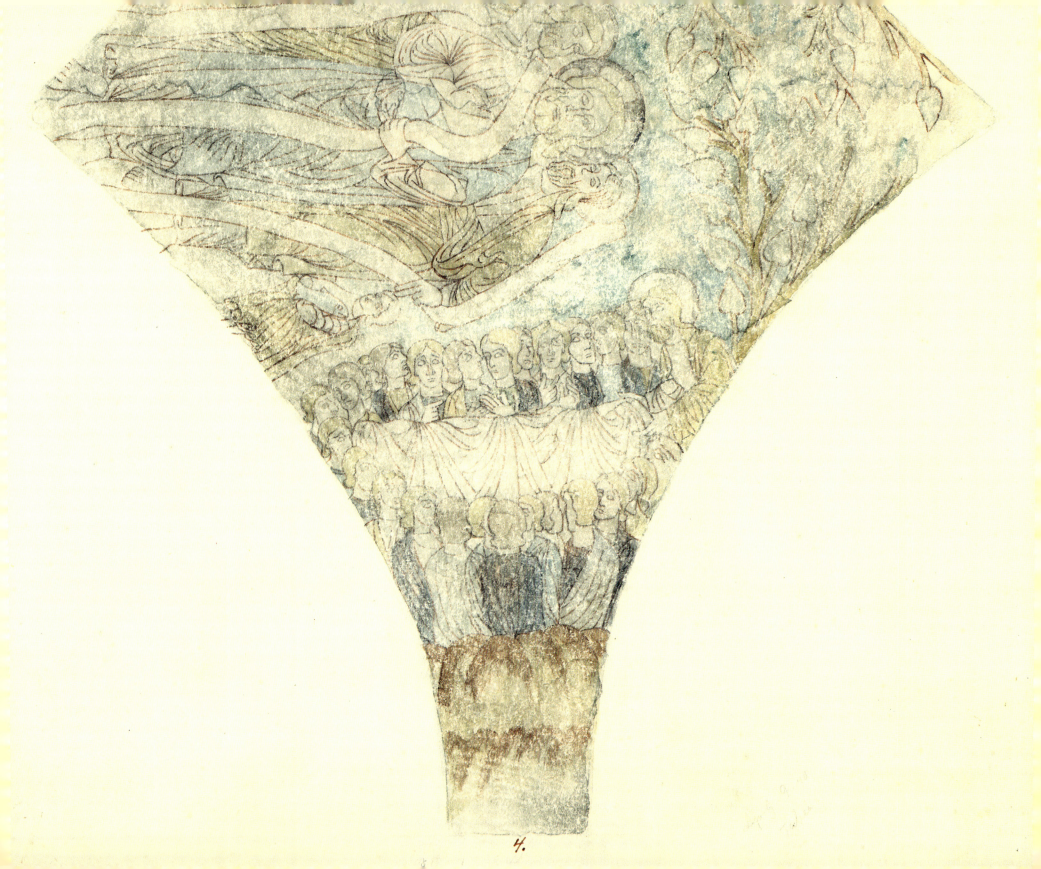

Jesus erweckt Lazarus von den Toten

Dieses herausragende Wunder Jesu, im Johannesevangelium Kap. 11 berichtet, wurde in der allegorisierenden Deutung der frühen Kirche als Auferstehung aus dem Grab der Sünde durch die Taufe verstanden. Die Worte 'Bindet ihn los!' bezog man auf die Binde- und Lösegewalt im Bußsakrament. Lazarus wurde aus dem Grab der Sünde herausgerufen und von den Fesseln der Sünde und des Todes befreit.

Die Darstellung von 1170 in der Krypta lebt durch ihre Konzentration auf das Wesentliche. Es fehlen die beiden Schwestern Maria und Martha, die zahlreichen Trauergäste, das staunende Volk, die zwei Träger, die den Grabstein wegtragen und sich die Nase zuhalten - das alles wird reduziert auf den einen Helfer, der klein hinter Lazarus hockt und beginnt, die Binden zu lösen. Bogenlinien im unteren Teil des Zwickels deuten eine Felsenlandschaft an. Die Steinplatte ist weggerutscht, das dunkle Grab offen. Der zum Leben zurückgerufene Lazarus steigt wie von unsichtbaren Händen hochgehoben aus dem Grab, noch steht er in einer leichten Kipplage, noch sind die eigenen Kräfte nicht zurückgekehrt. Christus trägt einen purpurnen Mantel als Ausdruck seiner königlichen Majestät; in der linken Hand hält er eine Schriftrolle.

Ähnlich wie in der frühchristlichen Grabeskunst wird die Auferweckung des Lazarus zum Hoffnungszeichen für die Toten, die in diesem Raum begraben liegen. Christus überwindet die Todesnacht und erweckt zu neuem Leben. Lazarus steht exemplarisch für alle getauften Gläubigen, die, aus Tod und Sündengrab befreit, Anteil an der Herrlichkeit Christi gewinnen sollen.

'Er allein nahm sich unseres tiefen Elends an, er allein trug unsere Leiden, er allein lud sich die Strafen für unsere Gottlosigkeiten auf. Und da wir nicht halbtot waren, sondern faul und ganz und gar riechend bereits in Grüften und Gräbern lagen, hob er uns auf und heilte uns, jetzt wie in in alter Zeit, in seiner liebenden Sorge für die Menschen wider jedermanns und sogar wider unser eigenes Hoffen und gab uns in Fülle Anteil an den Gütern des Vaters, er, der Lebensspender, der Lichtbringer, unser großer Arzt, König und Herr, der Gesalbte Gottes.' (Eusebios von Kaisareia) [49]

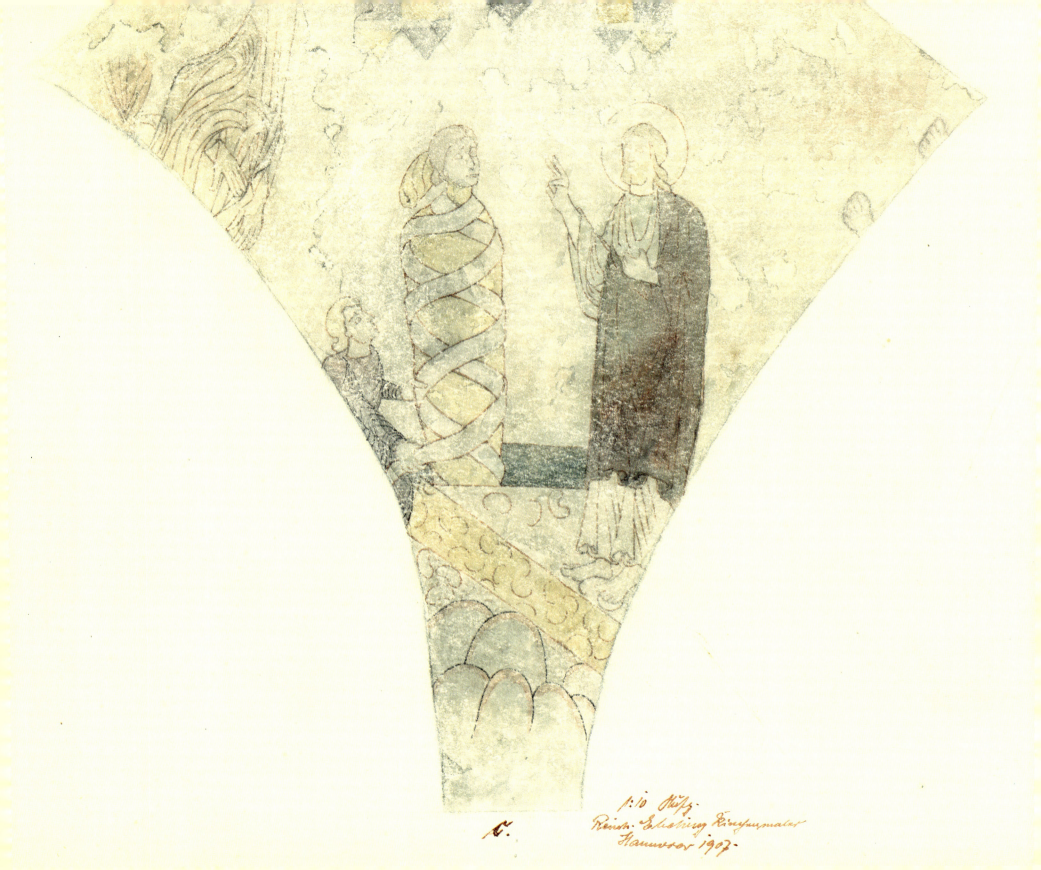

Fünf Männer unterwegs. Diese Gruppendarstellung bezieht sich vielleicht auf die im anschließenden Feld (siehe Seite 71) dargestellte Auferweckung des Lazarus.
'Viele von den Juden, die zu Maria gekommen waren und sahen, was Jesus tat, glaubten an ihn. Einige aber von ihnen gingen hin zu den Pharisäern und sagten ihnen, was Jesus getan hatte.'
(Joh. 11, 45-46)

Fragment (1)

Die königliche Tugend der Gerechtigkeit

Als Ende des 12. Jahrhunderts die Krypta ausgemalt wurde, neigte sich die Glanzzeit des Quedlinburger Stiftes ihrem Ende zu. Noch aber fanden auf dem Burgberg und Wiperti-Klostergut Reichstage statt, noch konnte das Stift sich als ein Forum repräsentativer Macht begreifen.

Rechtsprechung und Weisung waren seit der Zeit der sächsischen Herrscher von Quedlinburg ausgegangen. Diese Tradition, der das Stift viele Privilegien verdankte, galt es, am Leben zu erhalten. So wurde für die Deckenmalerei das Thema der königlichen Tugend der Gerechtigkeit gewählt, als Anspruch und Mahnung zugleich. An zentraler Stelle wird Otto I. dargestellt. Er thront in gleicher Blickrichtung wie die beiden biblischen Vertreter der Gerechtigkeit Salomo und Daniel.

Salomo wurde nicht nur als Inbegriff herrscherlicher Weisheit verehrt, sondern auch als Sohn David wie Jesus Christus. Wie König David die Dichtung der Psalmen zugeschrieben wurde, so Salomo die Bücher der Weisheit und der Sprüche. So wird auf den Tafeln der Kaiserkrone aus den 'Sprüchen Salomos' und den Psalmen zitiert: *'Den Herrn fürchte! Vom Bösen halte dich fern!'* (Spr. 3,7) *'Durch mich regieren die Könige.'* (Spr. 8,15) und *'Die Ehre des Königs ist, daß er das Recht liebt'* (Ps. 18,4). Bei der Krönung Friedrich I. am 18. Juni 1155 in Rom zum Kaiser lauteten die Krönungsworte des Papstes, als er dem Knienden die Krone aufsetzte:

'Empfange das Ruhmeszeichen im Namen des Vaters, des Sohnes und des Heiligen Geistes, damit du unter Verachtung des alten Feindes und aller Sündenberührung Recht und Gerechtigkeit liebest und dich in diesem Leben so erbarmungsvoll zeigest, daß dir unser Herr Jesus Christus in der Gemeinschaft der Heiligen die Krone des ewigen Reiches verleihe.' [50]

Wie bewußt Gerechtigkeit als die wichtigste königliche Tugend herausgestellt wurde, läßt sich an den Fürstenspiegeln ablesen, die die Aufgaben des Herrschers beschrieben, aber auch seine Unterordnung unter das Gericht Gottes betonten.

Diese Dominanz des Themas Gerechtigkeit durchzieht auch das Bildprogramm in der Krypta. Die Auswahl der biblischen Geschichten unterstreicht, daß die königliche Gerechtigkeit sich nicht nur in unparteiischer Rechtsprechung bewährt, sondern auch Schutz und Rettung den Schwachen und Hilflosen bietet. Im Ostteil der Krypta sind ein Kreis und eine ellipsenförmige Mandorla zu erkennen. Das Bildprogramm fand hier vermutlich seinen entscheidenden Bezugspunkt in der Darstellung des thronenden Weltenrichters Christus.

Zwischen Christus und Salomo sind die Bilder eines Bischofs und eines Herrschers erhalten geblieben. Bei letzterem sind wir nicht auf Vermutungen angewiesen.

Während der Restaurierung der Gewölbemalerei 1967-1969 wurde an dem Bogen, unter dem der Kaiser thront, die Inschrift entdeckt: [51]

OTTO MAGNUS IMPERAT (OR)
Es ist also dargestellt: OTTO I.
Deutscher König und Kaiser
des römischen Reiches Deutscher Nation
Geboren am 23. November 912 in Walhausen
Gestorben am 7. Mai 973 in Memleben

Die herausragende Bedeutung des Thronenden wird durch die turmreiche, Macht repräsentierende, Palastarchitektur unterstrichen. Die Rechte hält das Szepter, die Linke ein Spruchband. Der purpurfarbene Mantel wird von einer Agraffe zusammengehalten. Über dem faltenreichen Untergewand deutet das Muster der Tunika Schmuckbesatz an. Der Bogen gleicht dem Baldachin, mit dem in anderen Thronbildern die sakrale Würde des Herrschers herausgestellt wurde. Die Form der Krone fällt bescheiden aus, der Reichsapfel fehlt. Vielleicht ist die Zuschreibung 'OTTO...' erst in späterer Zeit erfolgt, ursprünglich der Idealtyp eines Herrschers dargestellt gewesen. In jedem Fall erinnert das Herrscherbild an die sächsische Kaisertradition an dieser Stätte.

9.

Unbekannte Frauengestalt

Der Betrachter entdeckt auf dem rechten Zwickel neben Otto I. eine weibliche Figur, die als einzige der erhaltenen Einzeldarstellungen nicht frontal blickt, sondern im Halbprofil dargestellt wird, mit angedeuteter Kniebeuge. Der Bildaufbau mit Palastarchitektur entspricht dem Otto I. Zwei Turmpaare stehen auf Säulen, auf deren Kapitele mit karminrotem Kämpfer ein spitz zulaufender Bogen einen repräsentativen Rahmen für die Dargestellte schafft. Die Architektur, die Kämpferzeile, der Bogen sind bei Otto I. etwas reicher gestaltet. Die Spruchbänder der beiden laufen aufeinander zu.

Wer ist die Frau und wem gilt ihre devote Haltung? Georg Troescher[52] vermutet, daß es sich um die Stifterin der gesamten Malerei handelt. 'Dies geht aus dem Gestus und der adorierenden Stellung zu dem Christus des Brot- und Fischwunders, des Zentrums der gesamten Darstellung hervor.' Die Demutsgeste kann aber auch dem Imperator Otto I. gelten, der im Jahre 966 seine zwölfjährige Tochter Mathilde als erste Äbtissin des Stiftes einführte. Der Gleichklang der Palastarchitektur unterstreicht in jedem Fall die kaiserliche Herkunft der Frauengestalt und ihre Zuordnung zum linken Thronbild. Folgende von Troescher abweichende Lesart ist denkbar: dem Herrscher wurde eine Partnerin zugeordnet, deren besondere Funktion - in der Erwartung jener Zeit - die Fürsprache bei dem König gewesen ist. Diesem Rollenspiel haben ottonische Königinnen als ihre Teilhabe an der Herrschaft entsprochen. In dem ottonischen Krönungsordo wurde bei der Krönung der königlichen Ehefrau gebetet, daß wie einst Esther zur Teilhaberin des Reiches gemacht wurde, auch diese *'deine Magd die würdige und erhabene Ehegattin unseres Königs und Teilhaber des Reiches werde'*.

So wurde aus dem Alten Testament die Esthergeschichte herangezogen, in der berichtet wird, daß Esther, vom persischen König Ahasveros zur Königin erhoben, ihren Mann durch Rat und Fürsprache für ihr jüdisches Volk vor schwerem Unrecht bewahrte.[53] Bei der Annahme, daß die Inschrift 'OTTO...' erst später erfolgte, entfällt der Zwang, für die dem Herrscher zugeordnete Frau, sich auf einen Namen festzulegen.

Die Gewölbemalerei in der Krypta

Bild eines Erzbischofs

Mit Blickrichtung nach Norden, gegenüber Johannes dem Täufer, ist ein Bischof dargestellt, auf den das Licht fällt, wenn die seitliche Tür zur Krypta geöffnet wird. Die Zuordnung von Otto I. und dem Bischof entspricht der Regel: 'rex in primo loco - episcopus in secundo loco' (der König an erster Stelle - der Bischof an zweiter).[54] Letzterer trägt über der weißen Alba die nur Bischöfen zustehende Dalmatika, darüber das Meßgewand. Die kegelförmige Mitra war noch nicht von der zweispitzigen Form abgelöst. Über dem linken Unterarm liegt das Manipel, an den Füßen trägt er mit Kreuzbänder verzierte Pontifikalschuhe. Das aus weißer Wolle gewebte ringförmige Pallium unterstreicht die besondere Würde, denn ein Pallium trugen nur die Päpste und einige Bischöfe, die durch die Verleihung eines Pallium vom Papst ausgezeichnet wurden. Diese 'päpstlich autorisierten Oberbischöfe'[55] durften andere Bischöfe weihen und Synoden berufen. Der Bischofsstab in seiner Linken ist ohne Krümmung und ähnelt dem Szepter Otto I.

Ein Spruchband steigt wie das des Johannes auf zu einer Halbfigur, die heute kaum noch wahrnehmbar ist.

Noch ein Wort über die künstlerische Leistung, die uns in den Fresken erhalten sind. Mit großer Geschicklichkeit hat es der Maler verstanden, seine Kompositionen den als Malfläche eigenartig geformten, nach unten spitz zulaufenden und zugleich gewölbten Dreiecksfeldern anzupassen. (Troescher)

Die Gewölbemalerei in der Krypta

Johannes der Täufer

Auf einem nördlichen Kappenfeld nahe der Confessio erkennt man Johannes den Täufer an dem härenen Gewand. Das Gelb seiner Kleidung läßt ahnen, wie farbenprächtig einst die Deckenmalerei gewesen ist. Der Wüstenasket reckt den rechten Arm in die Höhe und weist - vermutlich - auf Christus. Johannes wird im Matthäusevangelium (21,32) bezeichnet als der, der den rechten Weg brachte (in der Vulgatabibel: via iustitia). Er beschuldigte den Herrscher Johannes Antipas des Ehebruchs und wurde deshalb enthauptet, ein Märtyrer der Gerechtigkeit, ein Mahnmal kompromißloser Härte. Er verkündete Christus als den Weltenrichter, der den Weizen sammelt und die Spreu verbrennt *'mit ewigem Feuer'*. Aber er wies auch auf Christus mit den Worten: *'Siehe, das ist Gottes Lamm, das der Welt Sünde trägt!'*

Jedes Bild ist als Einzelnes betrachtet meisterhaft ausgewogen in der rhythmischen Anordnung der Figuren sowohl, wie auch in dem Verhältnis der gefüllten und leeren Teile der Malflächen. Nirgends sind, soweit uns die Bilder erhalten sind, Löcher oder tote Stellen im künstlerischen Sinne zu bemerken, es herrschen vielmehr innerhalb der Fläche starke Spannungen. (Troescher)

Der Schwertträger füllt ein Zwickelfeld unmittelbar über der Grabanlage des Königspaares aus und schaut Richtung Osten. Der untere Teil des Gewandes zeigt Karreemuster mit kleinen Kreisen. Die linke Hand weist in die gleiche Richtung wie Johannes der Täufer: auf den Kreis, auf den Weltenherrscher Christus.

Die Symbolkraft des Schwertes kann man ablesen an der Begründung, mit der Karl der Große am 8.1.1166 auf Betreiben Friedrichs I. heilig gesprochen wurde: Karl der Große habe mit Eifer die Ausbreitung der christlichen Religion betrieben, er war ein starker Kämpfer in der Bekehrung der Heiden, die er mit Wort und mit Schwert für die katholische Religion gewonnen habe. In der täglichen Bereitschaft, sich für die Bekehrung der Heiden einzusetzen, habe er Mühen und die Gefahr des Todes auf sich genommen.

In dieser Begründung sind 'Kaiseridee und Kreuzzugsgedanke zu einer lebendigen Einheit verbunden... In der Vita des Heiliggesprochenen wird Karl als der Schwinger des geistlichen und des weltlichen Schwertes (ventilator utriusque gladii) gefeiert.' [56] In diesem Zusammenhang wird das Schwert auch als Symbol für die Pflege von Recht und Gerechtigkeit bezeichnet. Etwa zwanzig Jahre später wird, ebenfalls unter Federführung der Konventsdamen, auf dem Knüpfteppich die weibliche Gestalt der Fortitudo dargestellt, in ähnlicher Gewandung und Schwerthaltung.

Der Schwertträger

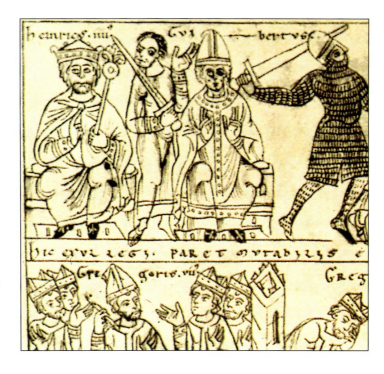

Ausschnitt aus der Weltchronik des Otto von Freising, 12. Jh., Universitätsbibliothek Jena.

Fragment mit Blick zur Grabanlage. Alba, fürstliches Obergewand und Mantel lassen auf eine männliche Gestalt schließen. Reste eines stark farbigen Hintergrundes.

Fragment (2)

Die Sprache der Gebärden ist stark und eindrucksvoll, der Gestus der vielen Hände vielfach variiert und eindringlich. Es ist erstaunlich, wie die drei Bäume (Abb. Seite 45) uns tatsächlich den Eindruck eines Haines vermitteln. (Troescher)

Die Gewölbemalerei in der Krypta

Fragment einer vermutlich weiblichen Gestalt, durch Bogen und Säulen herausgestellt. 'Vermuten könnte man eine Äbtissin oder Heilige, die mit Quedlinburg in naher Beziehung stand.' (Troescher)

Fragment (3)

Die Bemühung ist bewundernswert, wie die einzelnen Bildteile miteinander kompositionell verknüpft und in Beziehung gesetzt sind und die Darstellungen ineinanderfließen und sich aufbauen zu einem großen Gebäude der Heilslehre des mittelalterlichen Kirche. (Troescher)

Linke Gestalt barfuß in rotbraunem Mantel, wie Christus beim Lazaruswunder, im Gespräch mit einer etwas kleineren, vornehm gekleideten Person.

Fragment (4)

In den Quedlinburger Fresken sind uns Spuren von einem großen Künstler des deutschen Mittelalters, Spuren seines Daseins und der Tätigkeit aus seiner Reifezeit erhalten. Wer er aber war, woher er kam und wohin er ging, darüber schweigen die Archive, wie über so manchen großen Künstler aus der Umgebung und aus der Zeit Barbarossas. (Troescher)

Blick vom Schloßgarten auf die Stadt

In einem Reisebericht des Jahres 1973 in der 'Budapester Rundschau' heißt es:

'Der ungarische Tourist, man könnte auch sagen: Pilger, kommt nach Quedlinburg, nicht nur um die eigenartige Atmosphäre der winkligen Straßen und Fachwerkhäuser dieser alten Stadt zu genießen, sondern weil hier, neben Byzanz und Rom, eine der Wiegen seines Europäertums ist. Die Grundmauern des mittelalterlichen Doms und der Burg haben wahrscheinlich noch die zwölfköpfige, exotische ungarische Gesandtschaft gesehen, die Fürst Gêza - damals noch Heide - aus dem fernen Ungarn an den Hof des hier residierenden Kaisers Otto I. im Jahre 973 schickte, vor 1000 Jahren!'
(Aus 'Jahr des Herrn' 1974)

Der Domschatz

Der Quedlinburger Domschatz wurde durch einen amerikanischen Offizier weltberühmt. Während des Krieges 1942 wurde dieser Kirchenschatz in eine stadtnahe Höhle ausgelagert in Sorge vor Bombenangriffen. Als die amerikanischen Truppen im April 1945 in Quedlinburg einzogen, entdeckten sie die Höhle und übernahmen deren Bewachung. Die Aufgabe, für die Sicherheit der ausgelagerten Kunstschätze zu sorgen, wurde dem Offizier Joe Meador übertragen. Der ehemalige Kunststudent konnte ungestört die Kisten mit den verpackten Kunstschätzen untersuchen und sich nach und nach zwölf Kostbarkeiten aneignen. Da Soldaten seiner Kompanie vor der Höhle Wache hielten, sein Raubzug aber nicht auffallen sollte, blieb sein Aktionsdrang gehemmt. Vermutlich hat er Teile des ausgelagerten Schatzes in drei Schüben mitgenommen. Er hielt sie unter der Uniformjacke verborgen, das Samuhel-Evangeliar, den Heinrichsschrein und das Evangeliar von 1513 in getrennten Aktionen und schickte sie mit neun weiteren, kleineren Schatzstücken per Heerespost zu seinen Eltern nach Whitewright, einem kleinen Ort in Texas.[57]

Die verschwundenen Teile des Domschatzes galten als verschollen bis spektakuläre Umstände zur Entdeckung und Rückführung von zehn der zwölf Teile führten. Der Dank für diese Wiedervereinigung des Domschatzes gebührt der Kulturstiftung der Länder unter Leitung von Dr. Klaus Maurice, in besonderer Weise aber Dr. Willi Korte, der seit März 1989 in den USA nach den verschollenen Stücken recherchiert hatte und acht Teile in einer Bank in Whitewright aufspürte.

Nach schwierigen Verhandlungen, die dank der Unterstützung durch das Bundesministerium des Inneren mit einem pragmatischen Vergleich endeten, konnten die verlorenen Stücke 1992 nach Deutschland zurückgebracht werden. Sie wurden im Kunsthistorischen Museum Berlin gesichert und zusammen mit den anderen Teilen des Domschatzes konservatorisch behandelt und danach zuerst in Berlin ausgestellt.

Seit dem 19.9.1993 kann der Schatz der sächsischen Kaiser in zwei Schatzkammern des Hohen Chores wieder in Quedlinburg gezeigt und besichtigt werden. Prof. Dr. Kötzsche, Herausgeber des ersten wissenschaftlichen Kataloges über den Quedlinburger Kirchenschatz, hat in einem Vortrag im Rathaus von Quedlinburg den hohen Rang dieses Kirchenschatzes herausgestellt und ihn in seiner historischen Bedeutung mit dem Aachener Domschatz verglichen. 'Denn Quedlinburg, die Servatius-Kirche und ihr Schatz sind durch König Heinrich I. und seine unmittelbaren Nachfolger mit dem Beginn des deutschen Königtums so eng verbunden wie Aachen, sein Dom und sein Schatz durch Karl den Großen mit dem Beginn des abendländischen Kaisertums.'[58]

Mit der Regierungszeit der sächsischen Herrscher beginnt auch die Geschichte des Domschatzes. Das frei-weltliche Damenstift wurde durch großzügige Dotierungen seitens der sächsischen Herrscher zu einer dritten Macht neben den weltlichen und geistlichen Fürstentümern aufgebaut. Auch besonders kostbare Meisterwerke frühmittelalterlicher Kunst gehörten zu diesen Schenkungen, so daß während der sächsischen Glanzzeit im 10. Jahrhundert ein umfangreicher Kirchenschatz zusammengetragen wurde. Die wie eine Opfergabe Gott dargebrachten heiligen Kunstschätze wurden in einem als Zittergewölbe[59] bezeichneten Raum in der Nordseite des Querschiffes aufbewahrt. Diese 'Heiltumskammer' wurde 1180 eingebaut in bewußter Nähe zum Hochaltar. Eine Schatzmeisterin (thesauraria) betreute die Kultgegenstände und überwachte deren Einbe-

'Zittergewölbe der Schloßkirche' gezeichnet von Wilhelm Steuerwaldt, 1855.
Joe Tom Meador in Paris, 1944.
Schnitt durch die Auslagerungshöhle am Nordhang der Altenburg, Febr. 1943.

Neun der entführten Exponate wurden vor ihrer Rückführung im März/April 1992 in Dallas/Texas im Museum of Art ausgestellt. Dr. Korte bei der Begutachtung des Heinrichsschreins. Prof. Dr. Kötzsche und der Autor führen den Schatz zurück.

ziehung in die Gottesdienste, wenn an bestimmten Feiertagen die Reliquien zur heilbringenden Schau auf den Altären ausgestellt wurden. Trotz manch schwerer Verluste im Lauf der Jahrhunderte blieben viele der kostbaren Teile, die einst den imperialen Anspruch sächsischer Macht dokumentierten, erhalten. Dies grenzt fast an ein Wunder. Andere Kirchenschätze verschwanden spätestens während der Säkularisation Anfang des 19. Jahrhunderts. Von dem Kirchenschatz in Halle z. B., der 1523 noch 350 Teile umfaßte, sind heute nur ganze zwei Teile in Schweden nachweisbar; auch der Magdeburger Domschatz ging verloren.[60] Mit der Auflösung des Quedlinburger Stiftes 1803 war auch die Existenz dieses 'Stiftsschatzes' gefährdet. Da es das Stift nicht mehr gab, mußte die Kirchengemeinde z. B. die Stiftsbibliothek herausgeben. Nur drei Bücher blieben im Besitz der Servatius-Kirchengemeinde, da diese als sakrale Gegenstände eingestuft wurden.[61] Diese Regelung bewahrte letztlich den Kirchenschatz vor einer völligen Auflösung und gab später den Ausschlag, den Kirchenschatz als 'Domschatz' und nicht als 'Stiftsschatz' zu führen, denn die Bezeichnung Stiftsschatz förderte die immer neuen Versuche einer Säkularisierung des Kirchenschatzes.

Als nach der Wende 1989 die Präsentation des Domschatzes neu geregelt werden mußte, bestand zwischen der Denkmalpflege und der Kirchengemeinde Einvernehmen, daß es sich um eine Sammlung sakraler Gegenstände handle, also um einen Kirchenschatz und daher der angestammte Aufbewahrungsort in der Stiftskirche beibehalten wird.

Wenn man in einem katholischen Lexikon das Stichwort 'Kirchenschatz' aufschlägt, stellt man fest, wie unterschiedlich dieser Begriff verstanden wird. Nach katholischer Lehre besteht der Schatz der Kirche aus dem Überschuß guter Werke, den im Himmel verwahrten Verdiensten Jesu Christi und der Heiligen, die in Anspruch genommen werden zur Tilgung zeitlicher Sündenstrafen. Diese kirchliche Lehre fand ihren praktischen Niederschlag nicht nur im Ablaß, sondern auch in der Reliquienverehrung und deren Anhäufung in Heiltumskammern. Reliquien heiligten die sie bergenden Behälter, ähnlich die Botschaft der vier Evangelien die sie enthaltenen Evangeliare. Gottes Heil wird - so die mittelalterliche Vorstellung - auch durch die Medien der Kunst vermittelt.

Heute ist die Heiltumskammer zu einem kirchlichen Museum geworden. Um an die Vergangenheit zu erinnern, wurde für die Vitrinen die Form der Schränke gewählt, in denen einst die Heiltümer aufbewahrt waren.

Mittelalterliche Kunst, in dem alten, dunklen Gewölberaum des Zitters, fasziniert heute durch die hohe Kunstfertigkeit, mit der die Goldschmiedekünstler Gott verehrten.

In der mittelalterlichen Frömmigkeit wurde Schönheit als göttlicher Glanz begriffen. Der Hymnus der Schöpfungsgeschichte *'Siehe, es war alles sehr gut'* wurde auch so gehört: *'Siehe, es war alles sehr schön'*, denn in der Herrlichkeit Gottes ist das Schöne gut und das Gute schön. Als Christus auf dem Berg verklärt wurde, umstrahlte ihn der Glanz Gottes, seine Herrlichkeit und Schönheit. Und von dem zukünftigen Jerusalem wird vor allem berichtet, wie schön diese goldene Stadt mit ihren Perlentoren sei.

Einst prangte die ganze Stiftskirche in leuchtenden Farben. Der kaiserliche Hofstaat in seinen Prachtgewändern wetteiferte mit dem priesterlichen Ornat. Die Ausmalung ging verloren oder verblaßte. Die Kunstwerke der Schatzkammern aber haben nichts von ihrem Glanz eingebüßt und vermitteln noch immer eine Vorstellung von der Farbfülle und Schönheit mittelalterlicher Gottesdienste.

Der Domschatz

Das Samuhel-Evangeliar

Dieses kostbarste Stück der Domschatzsammlung zählt zu dem Raubgut, das 1945 nach Unbekannt verschwand. Im April 1990 zeigte zuerst eine Fernsehsendung das zurückgeholte Evangeliar. Am nächsten Tag folgten die Zeitungsberichte mit einem Foto von Dr. Maurice, dem Leiter der Kulturstiftung, mit der Prachtbibel in seinen Händen.

Zuvor hatte Dr. Dachs, Leiter der Abteilung für Handschriften und seltene Drucke der Bayerischen Staatsbibliothek, in der Schweiz diese seit Kriegsende vermißte Handschrift aus dem 9. Jahrhundert untersuchen und begutachten können. Sein um Sachlichkeit bemühter Bericht konnte die Freude und Begeisterung über diese wieder aufgetauchte Kostbarkeit nicht verschweigen.

So heißt es u. a. in seinem Gutachten: 'hochqualitätsvolles Pergament', 'tadellos erhaltene Goldschrift', 'leuchtende, unverblaßte Farben', 'ungewöhnlich feine, mehrere Farbschichten verwendende Ausführung der Evangelisten', 'brillanter Erhaltungszustand', 'auf höchstem Niveau stehende Ausführung von Illumination und Kalligraphie', 'ein historisches Denkmal von nationalem Rang'.[62]

Dieses Prachtwerk karolingischer Buchkunst enthält die auf 191 Pergamentblättern mit Goldtinte geschriebenen vier Evangelien. Diese Textblätter sind knapp 400 Jahre älter als der Einband. Jedes Evangelium beginnt mit der Darstellung eines Evangelisten.[63] Es ist aus konservatorischen Gründen nicht möglich, das Samuhel-Evangeliar in geöffnetem Zustand auszustellen. Wer einen Blick in das Buch werfen will, muß zu dem Katalog 'Der Quedlinburger Schatz' greifen oder zu der speziellen Publikation 'Das Quedlinburger Evangeliar' (nähere Angaben im Literaturverzeichnis).

Bei geöffneter Präsentation würde aber auch der Prachteinband von 1225/1230 nicht so vorteilhaft zu sehen sein. Der Einband hat während seiner Exilzeit in Texas keine Steine eingebüßt. Schon alte Fotos zeigen leere Einfassungen. Einige Steine verschwanden vermutlich schon im 17. Jahrhundert, um mit ihnen ausstehende Rechnungen zu bezahlen. Geblieben sind an den Leerstellen braune Stoffreste, mit deren Hilfe die Steine erhaben montiert wurden, um sie stärker zur Geltung kommen zu lassen. Neun Zellenemailarbeiten wurden zusätzlich zu den Edelsteinen eingearbeitet, darunter zwei byzantinische Brustbilder, oben Christus, unten Maria. Es besteht der begründete Verdacht, daß diese beiden Importstücke 1204 bei der schrecklichen Plünderung des ostchristlichen Byzanz durch die westchristlichen Kreuzritter geraubt wurden und als Beutegut zum Stift gelangten, rechtzeitig genug, um der Prachtgestaltung des Einbandes zu dienen.[64]

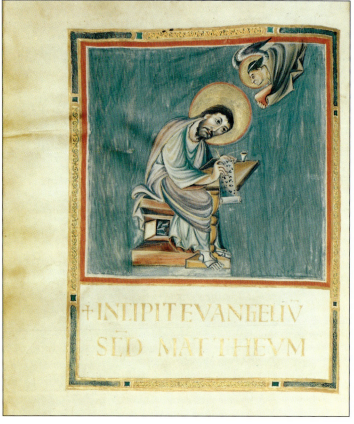

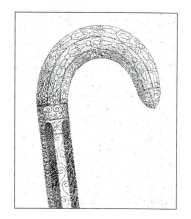

Der Evangelist Matthäus mit Schriftrolle und Evangelistensymbol, Miniatur von 840.

Servatiusstab aus dem Quedlinburger Domschatz, Zeichnung von Wilhelm Steuerwaldt.

Abb. rechts: Prunkdeckel des Samuhel-Evangeliars, um 1225/30.

Der Evangelist Johannes, dargestellt als der Älteste der vier Evangelisten, mit Blickkontakt zum Adler, dem Evangelistensymbol.

Der breite, reichverzierte Rahmen umzieht ein vertieftes Mittelbild. Unter der thronenden Maria stehen zwei Bischofsgestalten, die als die Kirchenpatrone Servatius und Dionysus gedeutet werden. Trotz ähnlicher Pontifikalkleidung und Ausstattung mit einem Bischofsstab als Jurisdiktionssymbol ist die Rangordnung zwischen den beiden klar: rechts von Maria, auf der Evangelienseite, steht der Inhaber des Patronats, der der Kirche seinen Namen gab; die Krümme seines Bischofsstabes

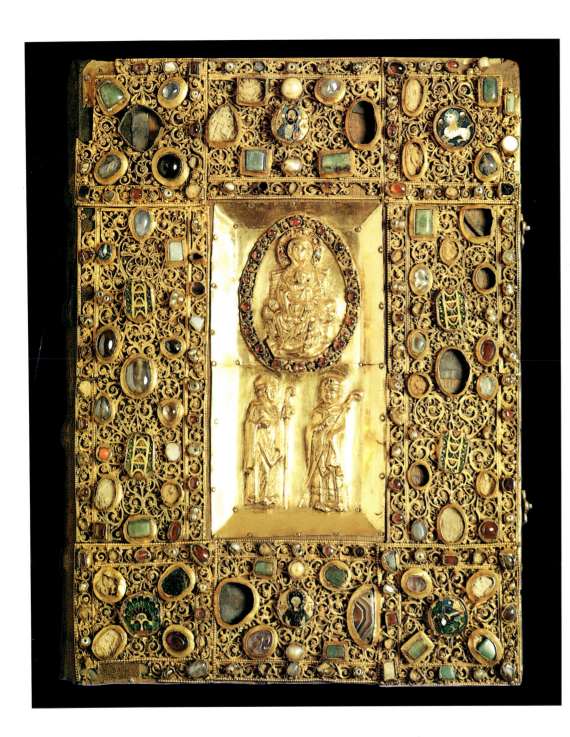

zeigt nach vorn, während die Krümme des anderen, schräg gehaltenen Bischofsstabes nach rückwärts gerichtet ist.[65] So wird angezeigt, wem dieses geistliche Hoheitsgebiet zugeeignet wurde und wessen Jurisdiktionsgebiet woanders liegt.

Die Vitrine, in der das Samuhel-Evangeliar gezeigt wird, birgt zwei Servatius-Reliquien, nämlich seinen Bischofsstab und sei-

ne Stola. Beides können keine echten Reliquien sein, denn der Bischof Servatius lebte im 4. Jahrhundert, er starb am 13. Mai 384 in Maastricht, der Bischofsstab aber und die Stola sind dem 10. Jahrhundert zuzuordnen.

Bei einer Kirchenführung konnte eine Gruppe junger Priester sich nicht von diesem Bischofsstab trennen, denn 'in dieser frühen, bescheidenen Form war der Bischofsstab ein echtes Hirtensymbol.'

Der Domschatz

Das Servatius-Reliquiar

Dieses königliche Juwel hat Joe Meador zum Glück liegen gelassen. Er wußte nicht, daß in einem Verzeichnis des 17. Jahrhunderts der Wert dieses Kunstwerks auf fast eine 'Tonne Goldes' geschätzt wurde.[66] Eine Liste der Denkmalpflege von 1960 gibt an, daß dieser Reliquienbehälter 'das kostbarste und bedeutendste Beispiel frühmittelalterlicher Goldschmiedekunst in einer Sammlung der DDR' sei.

Der später als Kaiser-Otto-Schrein bezeichnete Reliquienbehälter vereint zwei Kunstwerke.[67] Die Elfenbeinschnitzerei stammt aus dem 9. Jahrhundert, karolingische Kunst aus dem westfränkischen Reich. Sie zeigt Christus und elf Apostel, in Kleidung und Haltung wie römische Rhetoriker, zugeordnet den zwölf Tierkreiszeichen unter der Bogenreihe. Christus trägt als einziger zwei goldene Schriftrollen.

Auf die zwölf Sternkreiszeichen wurde auch in der Glasmalerei und Portalplastik zurückgegriffen, um Christus als die Gnadensonne und Mitte des Kosmos herauszustellen und die kosmische Dimension der apostolischen Botschaft zu unterstreichen. Zusätzliche Deutungen sahen z. B. das Zeichen des Zwillings als Hinweis auf das Alte und Neue Testament, den Krebs als Auferstehungssymbol, weil der Krebs seinen Panzer wechselt u. ä. m.[68] Christus wird dem Löwen zugeordnet, entsprechend Offbg. 5,5 'Es hat überwunden der Löwe aus dem Haus Juda.' Auf der Vorderseite rechts außen das Sternzeichen der Jungfrau, 'dick wie ein Marktweib und doch geflügelt'.[69]

Um 1200 wurde das Elfenbeinkästchen in meisterhafter Ausführung in Gold gefaßt und mit Steinen reich ausgestattet. Den Deckel ziert ein grüner Glasfluß, von erhöhtem, filigran getriebenem Blattwerk umrankt. Von den sechs großen Steinen blieben fünf erhalten: zwei Saphire, ein Rubin, ein Amethyst und eine Granatschale.

In seiner 'Beschreibenden Darstellung der älteren Bau- und Kunstdenkmäler' von 1922 hat der Verfasser Prof. Brinkmann den gesamten Edelsteinbesatz aufgeführt. Er zählte 154 Edelsteine und 17 Kunststeine, u. a. 38 Saphire, 12 Smaragde, 74 Almadine. So wurden im Mittelalter alle materiellen und künstlerischen Möglichkeiten ausgeschöpft, um den Glanz göttlicher Herrlichkeit vorstellbar zu machen.

Gekrönt wird diese Schmuckfülle durch den Amethyst, der respektlos Christus mitten im Gespräch unterbricht und ihn von seinem Gesprächspartner trennt. Diese zweitausend Jahre alte Gemme, ein efeubekränzter Dionysoskopf, wurde im Mittelalter nicht als heidnisches Götzenbild empfunden, sondern als antike Kostbarkeit geschätzt und ohne ideologische Scheu diesem Apostelfries eingefügt. Der Dionysoskopf ist gelegentlich auch als verschlüsselter Hinweis auf Christus als dem neuen Dionysos verstanden worden. Dabei wurde einerseits auf das Wort Jesu verwiesen *'Ich bin der Weinstock'* und auf die Wandlung Wasser in Wein, andererseits auf die griechische Überlieferung, die Dionysos als Erlöser verehrte, der nach seinem Tod in neuer Blüte wiedergeboren wurde und 'den ewigen Kreislauf der Vegetation und des Lebens symbolisierte.'[70]

Auf der silbernen Bodenplatte wird angegeben, welche Reliquien das Kästchen enthielt, u. a. ein Stück Holz vom Kreuz Christi, Teile vom 'Kleid der heiligen Maria, der Mutter des Herrn, und von Johannes dem Täufer', aber auch Knochen- und Tuchreliquien des Heiligen Servatius, des Schutzpatrons der Stiftskirche. Dieser Schrein enthielt offenbar die kostbarsten Reliquien des Stiftes; entsprechend stark wird seine Verehrung gewesen sein.

Servatiusreliquiar, sog. Reliquienkasten Ottos I. mit antikem, in Amethyst geschnittenem Dionysoskopf. (Abb. links: Rückseite)

Rom, 1. Jahrhundert n. Chr. (Dionysoskopf); Elfenbeinschnitzerei von 870; Goldfiligranfassung um 1200.

Otto-Adelheid-Evangeliar

Im Jahre 1000 feierte Kaiser Otto III. das Osterfest in Quedlinburg. In den Quedlinburger Annalen wird, vermutlich von einer Augenzeugin, berichtet:[71]

'Um die heiligen Ostern in Quedlinburg zu feiern, kehrte er (Otto III.) ins Vaterland zurück, und aus Liebe zu seiner geliebten Schwester der Äbtissin Adelheid brachte er die Tage des Abendmahles des Herrn, der Zurüstung, den heiligen Sabbath und die Nacht der Auferstehung des Herrn... in Ausübung der schuldigen Anbetung auf eben dem Berge festlich zu, auf welchem die Klosterfrauen nach der geistlichen Vorschrift ihrer Regel Christo dienen. Noch in den Morgenstunden kehrte er von hier in seinen Hof zurück...'

Während der mehrtägigen Feierlichkeiten wurde vermutlich das Otto-Adelheid-Evangeliar zum ersten Mal im Gottesdienst benutzt.

Die in der Geschichte einmalige Verschmelzung von west- und oströmischer Kultur in der Person Ottos III. hat mit diesem Buch eine Spur hinterlassen. Das in lateinischer Sprache geschriebene Evangeliar erhielt als kostbaren Einbandschmuck eine Elfenbeinschnitzerei mit griechischen Schriftzeichen und ostkirchlicher Bildsprache. Theophano, die byzantinische Mutter der Geschwister Otto und Adelheid, hat - so wird vermutet - die vierteilige Elfenbeinschnitzerei als Hochzeitsgut mitgebracht. Es handelt sich um die Mitteltafel eines Triptychons, dessen seitliche Klapptafeln weitere Christusszenen enthielten. Solche im Format bescheidenen Altartafeln fanden in Byzanz auf dem Hausaltar Aufstellung ähnlich den Hausikonen. Die Beschriftung der einzelnen Szenen auf Goldgrund scheint überflüssig, entsprach aber einer Regel, die mit der Beendigung des Bilderstreites getroffen wurde.[72]

Der unbekannte Künstler ist ein Meister seines Faches: ohne auf Details zu verzichten, setzt er die überlieferten Bildprogramme in das Kleinformat um; einige Figuren treten fast vollplastisch aus dem Relief heraus; die Tiefenwirkung wird durch stellenweisen Goldauftrag verstärkt.

Die Geburt Christi: drei Engel, ein Hirte, Joseph und Maria bilden einen Kreis um die hohe Krippe, die einem gemauerten Opferaltar gleicht. Auch der Kreuznimbus des Kindes weist auf die kommende Passion hin.[73] Der müde, grübelnde Joseph hockt in sich gekehrt zwischen zwei Ziegen, während Maria, 'eine hohe Gestalt von wirklich junonischem Charakter',[74] ihr Kind, auf das der Strahl des Sterns fällt, an sich zieht.

Die Taufe: nackt wie der erste Adam steht Christus, der zweite Adam, in den Wasserfluten des Jordan. Johannes, durch Stufen erhöht, vollzieht die Taufe. Zwei Engel beugen die Knie und stehen bereit zum Abtrocknen und Wiederbekleiden des Täuflings. Am Boden sitzt die antike Flußgottheit, klein und ohnmächtig. Eine Axt ist bereits dem Baum, bzw. Busch an die Wurzel gelegt.

Kreuzigung und Kreuzabnahme: wie gewohnt und vorgeschrieben stehen Maria und Johannes als Trauernde unter dem Kreuz, aber wie ergreifend wird die Trauer der Mutter gestaltet. Während die verhüllte Rechte sich Jesus entgegenstreckt, preßt sie die Linke voller Schmerzen an sich. Dann ergreift sie den vom Kreuz gelösten Arm des toten Sohnes und schmiegt ihn an sich.

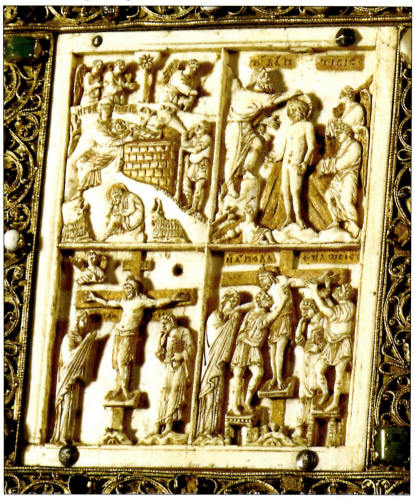

Byzantinische Elfenbeintafel aus dem 10. Jahrhundert in der Mitte des Prachteinbandes.

Reliquienkasten Heinrichs I.

Man hätte ihn zutreffender 'Apostelschrein' nennen können. Denn außer den zwölf sitzenden Aposteln aus Walroßzahn an den Längsseiten und den 26 in Goldblech gestanzten Apostelreliefs sind auf drei der vier Elfenbeintafeln Stationen aus dem Leben der Jünger bzw. Apostel dargestellt.

Vermutlich gehören die vier Tafeln zu einer umfangreicheren Serie,[75] einem Christuszyklus. Es wird purer Zufall sein, daß gerade diese vier Tafeln zur Verfügung standen, als um 1230 dieser Reliquienschrein angefertigt wurde und diese kostbaren Elfenbeinschnitzereien aus dem 10. Jahrhundert als Schmuck für die Schmalwände und den Deckel verwendet wurden.

Auf den Tafeln der beiden Schmalseiten sind die Verklärung Jesu auf dem Berge und die Fußwaschung abgebildet. Die linke Tafel auf dem Deckel zeigt die drei Frauen mit ihren Salbgefäßen am offenen Grab, während die Wächter noch schlafen.

Die rechte Tafel zeigt den erhöhten Christus, der seinen Jüngern die Hände auflegt als Zeichen ihrer Segnung, Sendung und Bevollmächtigung. Die Autorität Christi wird wie bei der Fußwaschung durch einen antiken Tempelgiebel verdeutlicht; den Raum der Giebelseite füllt die durch einige Stufen erhöhte Christusgestalt voll aus.

'Wie mich der Vater gesandt hat, so sende ich euch'. Dieser Auftrag macht die Jünger und Augenzeugen des auferstandenen Christus zu Aposteln. Dabei verbindet der uralte Ritus der Handauflegung amtliche Bevollmächtigung mit geistlicher Vollmacht. Der nach Matth. 28 den elf Jüngern erteilte Missionsbefehl *'Gehet hin in alle Welt...'* wurde bald auch als kirchenleitende Bevollmächtigung verstanden, die durch Amtsweihe unter Handauflegung den nachfolgenden Bischöfen zu übertragen sei.

Diese Darstellung, daß Christus selbst seine Apostel mit Handauflegung ordiniert, will die Authentizität der apostolischen Sukzession bekunden, indem sie die Handauflegung auf Christus zurückführt. Nach katholischem Verständnis wird in der ununterbrochenen Kontinuität der Handauflegung Heilsgeschichte mit historischer Geschichte verknüpft: 'ein pneumatisch erfülltes Mittel der Heilsübertragung'; 'der Gesendete ist wie der Sendende.'[76]

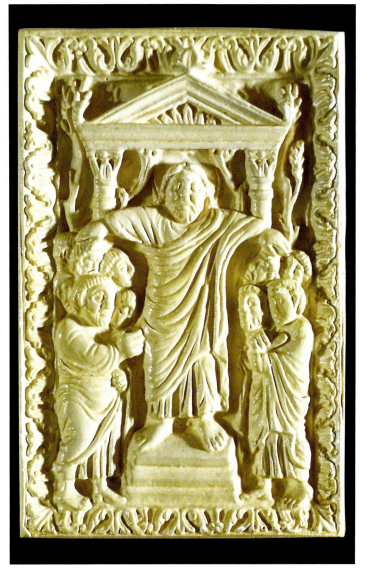

Sog. Reliquienkasten Heinrichs I. von 1230/40 mit vier Elfenbeintafeln aus dem 10. Jahrhundert und der Apostelreihe aus dem 11. Jahrhundert (Walroßzahnreliefs).

Diese Goldschmiedearbeit von 1230/1240 wurde 1977 zu der Ausstellung 'Die Zeit der Staufer' nach Stuttgart ausgeliehen. In dieser großzügig angelegten Ausstellung wurde diesem Schmuckstück eine besonders vorteilhafte Präsentation zuteil. Es lag auf hohem Podest in einer freistehenden Vitrine, so daß man es von allen Seiten in Augenhöhe betrachten konnte.

Als 1993 während der umfassenden Renovierungsarbeiten in der Stiftskirche auch das zukünftige Ausstellungskonzept des Domschatzes zur Debatte stand, wurde eine ähnliche Aufstellung mitten in der Schatzkammer erwogen. Genauso wie der Kana-Krug sollte der Katharinenschrein eine einzelne Vitrine erhalten, damit sich dem Betrachter beim Umschreiten die Kostbarkeit dieser meisterhaften Goldschmiedearbeit erschließt. Aber angesichts des zu erwartenden Besucherandranges wurde auf eine weitere Einzelvitrine in der kleinen Schatzkammer verzichtet. Dennoch verdient die Qualität dieser Goldschmiedearbeit unsere gründliche Betrachtung.

Die zwölf Apostel, durch Bogenfelder herausgestellt, sitzen auf einer drei Seiten des Kastens durchlaufenden Bank. Kaum ein Apostel gleicht dem anderen. Sie unterscheiden sich in den Gesichtszügen, der Sitzhaltung, der beneidenswerten Haaresfülle, den üppigen Gewandfalten. Elf Apostel sind barfuß, nur einer trägt Schuhe. Vielleicht ist der Apostel gemeint, der an Stelle von Judas nachgewählt wurde (Apost. 1,15 ff). An der linken Stirnseite thront Christus inmitten der vier Evangelistensymbole.

Die bravouröse Gestaltung der Goldornamentik in den unterschiedlich breiten Randleisten und den Zwickelfeldern beweist, daß aus dem Kunsthandwerker im Laufe der Aufträge ein gestaltender Künstler geworden ist. Er kann auf Perlen und Edelsteine als schmückende Bereicherung verzichten. Sie würden den Fluß der Linien störend unterbrechen.

Die Kreuzigungsszene auf dem Deckel zeigt links Petrus mit erhobenem Zeigefinger. Diese pädagogische Pose signalisiert ein theologisches Interesse, das der Goldschmied bei der Bildgestaltung berücksichtigen mußte. Zwei Jünger und - in den Halbsegmenten - zwei Vertreter des alten Bundes tragen Spruchbänder, die den Opfertod deuten.[77]

Katharinenschrein

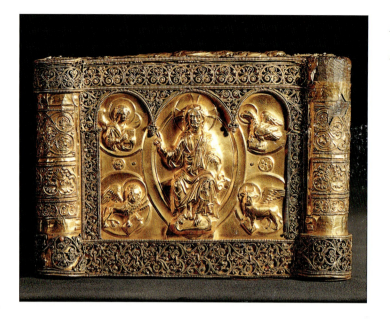

Aber braucht die mittlere Szene diese Kommentierung? Die Kreuzigung wird weder als triumphaler Sieg über den Tod herausgestellt noch wird das Leiden des Todeskampfes dramatisch ausgemalt. In unmittelbarer Nähe zum Gekreuzigten ist Maria in klaglose Trauer versunken, versucht der Lieblingsjünger Johannes seine Augen mit dem Gewand zu trocknen. Der Friede dieser Trauer wird durch die aufgeregten Deutefiguren gestört. Sie agieren zu früh, das Ritual der Tröstung erreicht die Trauernden nicht. Theologische Bildprogramme sind einer Bildgestaltung nicht immer förderlich.

Sog. Katharinenreliquiar. Niedersachsen, 1230 - 1240.

Abb. Seite 100 unten: Oberseite in einer Zeichnung von Wilhelm Steuerwaldt.

Kana-Krug

Der Alabaster-Krug gelangte als besonders kostbare Reliquie während der Regierungszeit Ottos I. nach Quedlinburg. Man verehrte ihn als einen der sechs Krüge von der Hochzeit zu Kana. Vom Alter her könnte es einer der Hochzeitskrüge sein, aber nicht von der Größe, denn die griechische Bezeichnung in Joh. 2,6 läßt eine genaue Spezifizierung zu. Es handelte sich um Krüge für Waschungen, die mindestens 80 Liter faßten.

Im Katalog 'Der Quedlinburger Schatz' schreibt Prof. Dr. Kötzsche: 'Seit ältester Zeit ist das Kana-Wunder auf die Eucharistie bezogen worden, auf die Wandlung von Wein in das Blut Christi. Diese typologische Verbindung lebte noch bis in das frühe 18. Jahrhundert fort. Am 2. Sonntag nach Epiphanias, dem Sonntag, an dem aus dem Evangelium des Johannes das Kapitel über die Hochzeit zu Kana gelesen wird, stellte man in der Quedlinburger Servatiuskirche den Kana-Krug mit Wein gefüllt auf den Altar, um ihn dem gläubigen Volk zu zeigen.'

Vor der Renovierung der Stiftskirche und der Schatzkammer 1992 wurde bei manchen Domführungen mit einer Taschenlampe demonstriert, wie geheimnisvoll Licht durch die Alabasterwände schimmert. Die gegenwärtige Aufstellung in einer Einzelvitrine unterstreicht den hohen Rang dieses ältesten Stückes des Domschatzes und ermöglicht eine besonders vorteilhafte Ausleuchtung für den gelblichen, geäderten Alabaster.

Sog. Kana-Krug.
Alexandria oder Rom (?),
1. Jahrhundert n. Chr.
Sog. Onyx-Alabaster (Kalksinter)

Wappenkasten

Geflochtenes ovales Kästchen, mit Kreidegrund überzogen, versilbert, Bemalung auf rötlichem Lackuntergrund. Frühes Beispiel heraldischer Kunst. Viele Wappen werden auf Deckel und Wand erstmalig farbig dargestellt. Die Entstehungszeit ist umstritten, entweder 1209 [78] oder 15-25 Jahre später. [79]

Einschließlich der zwei Turnierreiter sind die Wappen von 33 Adelsgeschlechtern dargestellt, deren Rang in der sich entwickelnden Ständegesellschaft von der königlichen Welfenfamilie über Fürsten, Grafen bis hin zu Ministerialen reicht. Unter dem Bügelgriff ist an zentraler Stelle das Wappen Ottos IV., des einzigen Kaisers aus dem Welfenhaus, zu sehen.

Auf der Vorderseite kämpfen zwei Turnierreiter mit eingelegter Lanze gegeneinander. Sie tragen ihr Wappen auf ihren Schilden, auf den Bannern an ihren Lanzen, auf ihren Waffenröcken und den Pferdedecken. Es handelt sich um [80]: Graf von Wohldenberg (linker Reiter), Wappen: in rot ein siebenlätziger, schräglinks gestellter Turnierkragen; Graf von Dassel (rechter Reiter), Wappen: in rot ein weißes Hirschgeweih.

Bernd Ulrich Hucker [81] bezieht die 33 Wappen auf eine geistlich-ritterliche Vereinigung, die 1217 urkundlich erwähnt wird. Da es sich um eine Bruderschaft handelt, in der alle gleichgestellt (pares) sind, gibt es keine Unterschiede in der Größe der Wappenwiedergabe. Das Kästchen diente vermutlich zur Aufbewahrung von Urkunden dieser Bruderschaft.

Als während der Reichswirren Otto IV. das Stift Quedlinburg zur Festung ausbauen ließ, geschah dies unter der Leitung eines Mitgliedes dieser ritterlichen Vereinigung. Sie traf sich regelmäßig zum Pfingstfest, vielleicht auch in Quedlinburg. So könnte das Kästchen in den Besitz des Stiftes gelangt sein.

Wappenkasten, frühes 13. Jahrhundert.

Weitere Stücke des Schatzes

Korporalienkasten. Niedersachsen, um 1330.

Die ewige Weisheit spricht:

'Als ich an dem hohen Aste des Kreuzes für dich und alle Menschen aus unerschöpflicher Liebe aufgehangen wurde, da wurde meine ganze Gestalt gar jämmerlich verunstaltet. Meine klaren Augen erloschen und verdrehten sich. Mein göttliches Haupt war von Schmerz und Ungemach gebeugt. Siehe, da erstarb meine schöne Gestalt so ganz und gar, als wäre ich ein Aussätziger und wäre nie die schöne Weisheit gewesen.'
'Erwäge die unermeßliche Größe meiner Genugtuung für die Missetaten der Menschen. Das kleinste Tröpflein meines kostbaren Blutes, das da unmäßiglich allenthalben aus meinem minnereichen Leibe floß, das vermöchte für tausend Welten Sünde genug zu tun.'

Aus 'Büchlein der ewigen Weisheit' von Heinrich Seuse (1300-1366)

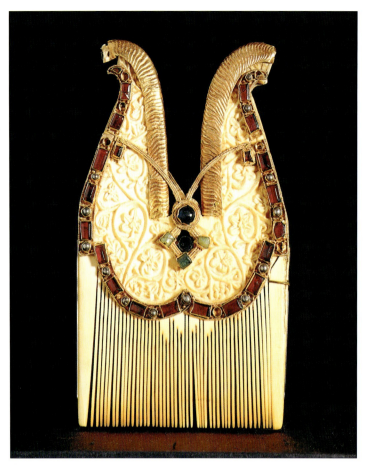

Sog. Kamm Heinrichs I. Syrien oder Ägypten, 7. - 8. Jh. (Elfenbeinarbeit); 9. - 10. Jh,. (Goldmontierung).

Agnus Dei-Kapsel. Norddeutschland, 1. Hälfte 15. Jh.

Zwei Exponate, die 1945 verschwanden und 1992 aus Texas zurückgeholt wurden. Der elfenbeinerne Kamm stammt aus Syrien oder Ägypten und wurde später in Gold gefaßt. Die Schmuckformen zeichnen Pferdezaumzeug nach einschließlich der Zügel und den Pferdemähnen. Der Kamm wurde möglicherweise für Krönungsrituale gebraucht.

Eine Agnus Dei-Kapsel diente dazu, ein aus geweihtem Wachs geformtes 'Lamm Gottes' als Amulett zu tragen. Die aus dem Wachs von Osterkerzen geformten Lammsymbole wurden seit Anfang des 15. Jahrhunderts einmal im Jahr vom Papst geweiht und an Rompilger verteilt.

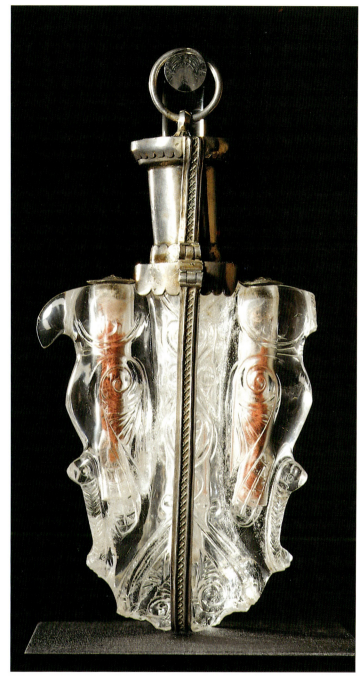

Reliquiar in Dreiecksform (Mitra) aus Bergkristall (noch in den USA verschollen)

2 Ostensorien mit geschliffenem Bergkristallzylinder. Niedersachsen (Quedlinburg), Mitte 13. Jh.

Großer Bergkristallflakon mit Vögeln. Fatimidisch, 10. Jh. (Bergkristallschnitt); Niedersachsen (Quedlinburg), Mitte 13. und 14. Jh. (Montierung). (Detail auch auf Seite 91)

Der Quedlinburger Domschatz besaß sechs Bergkristallgefäße, eine seltene Anhäufung in einem Kirchenschatz. Alle sechs Gefäße schickte Joe Meador nach Texas. Fünf kehrten zurück, ein Gefäß in Form einer Mitra (s. Abb. oben links) ist nach wie vor verschollen. Diese Bergkristallflakons stammen aus dem ägyptisch-fatimidischen Kulturkreis und dienten zur Aufbewahrung teurer Kosmetika und Duftessenzen. Die Kreuzritter sammelten diese kostbaren Behälter, die zu Reliquiengefäße umfunktioniert wurden. In Ständer gefaßt bzw. mit Hängevorrichtung versehen, eigneten sie sich als Vorläufer der Monstranzen, die die Reliquien zur Schau stellten wie später die Monstranzen die konsekrierte Hostie. Das größte Stück dieser Serie (Abb. rechts) verbindet die Silhouetten von zwei Vögeln an den Seiten mit Palmetten und Volutenmuster. Es soll u. a. einen Tropfen Milch der Jungfrau Maria enthalten haben.

Der Domschatz

Ein Evangelistar enthält die Texte der vier Evangelien, die im Laufe eines Kirchenjahres im Gottesdienst verlesen werden. Dieses Evangelistar ist das jüngste Stück der Schatzsammlung. Es gehörte dem Wiperti-Kloster und wurde nach dessen Auflösung dem Damenstift übereignet. Joe Meador schickte diese Bibel als erste Sendung nach Texas in der Überzeugung, daß die vergoldete Christusfigur das kostbarste Stück der verpackten Schatzteile sei. Er schrieb an seine Eltern (Übers. d. Verf.): 'ein Paket enthält ein Buch; der Buchdeckel ist mit einer Christusstatue versehen. Ich meine, der Buchdeckel ist reines Gold und die Juwelen sind Smaragde, Jade und Perlen... es könnte sehr, sehr wertvoll sein. Geht sorgfältig damit um - wenn es ankommt.'

In dem neu eingerichteten Raum hinter der Orgel sind drei große Reliquienbehälter ausgestellt, die alle drei in Form eines Hauses Reliquien 'beherbergen'. Die heiligen Bewohner sind an den Wänden aufgereiht, die Dächer, die sich abnehmen lassen, zeigen Dachziegel, um den Eindruck des Wohnens zu bestärken, gemäß dem Wort Christi 'In meines Vaters Hause sind viele Wohnungen' (Joh. 14,2). Der größte dieser drei Schreine zeigt an einer Querseite das Martyrium der Heiligen Corona. Laut Legende wurde sie bei einer Christenverfolgung umgebracht, indem sie an zwei durchgebogene Palmen gebunden wurde, die sie zerrissen.

Belegt ist, daß Otto I. Reliquien der Heiligen aus Rom nach Quedlinburg schickte. Noch 1838 wird in einem Bericht bestätigt, daß die Gebeine der Heiligen Corona in dem 'Kasten', der für diese Aufbewahrung bestimmt war, enthalten sind. Die Heilige wurde als Patronin in Geldangelegenheiten angerufen. 'Als Fürbitterin in Vermögensfragen hütete Corona auch den Quedlinburger Schatz' (Heydenreuter Seite 50).

Evangelistar aus St. Wiperti. Quedlinburg (?), 1513.

Reliquienschrein. Norddeutschland, 2. Viertel 15. Jh.

Die Kunstwerke im Hohen Chor

Passionsaltar von 1480

Der Passionsaltar im Hohen Chor wurde 1973 von der St. Jacobi-Gemeinde Sangerhausen erworben, in den Werkstätten des ehemaligen Institutes für Denkmalpflege restauriert und am Pfinstfest 1977 in Dienst genommen.

Der Künstler ist unbekannt. Er behält den traditionellen Goldhintergrund bei, beherrscht aber die Perspektive im Bildaufbau, daher wird 1480 als Entstehungszeit angenommen.

Der Stifter, ein Augustiner-Eremit, kniet demütig zu Füßen Jesu. Er betet, laut Text des Spruchbandes: 'Erbarme dich meiner, Gott, entsprechend deiner großen Barmherzigkeit und'.[82]

Man darf sich vorstellen, daß diese Altartafel in einer Kapelle eines Augustiner-Eremitenklosters - auch in Sangerhausen gab es ein Kloster der Augustiner-Eremiten - der täglichen Andacht diente.

Zwei Stationen der Passionsgeschichte sind auf den Seitenflügeln zu sehen:

Christus betet im Garten Getsemane und erfährt Stärkung durch einen Engel, während die Jünger vom Schlaf überwältigt worden sind;

Christus trägt das Kreuz inmitten der tobenden Menschenmenge.

Im Mittelteil des Flügelaltares folgt nicht die dramatische Ausmalung der Kreuzigung, kein personengefüllter Kalvarienberg, sondern die Sammlung der Heiligen unter dem Kreuz. Es ist ein Andachtsbild, das einlädt, über die Gemeinschaft der Kirche als Gemeinde unter dem Kreuz nachzudenken.

Folgende sechs Personen sind unter dem Kreuz versammelt (von links nach rechts):

- St. Andreas, einer der zwölf Apostel. Als er Jesus zum ersten Mal sah, fragte er: 'Meister, wo wohnst du?' 'Komm und sieh' antwortete Jesus. Nun schaut er auf zum Gekreuzigten. Ist das Kreuz die Antwort auf seine Frage? Er hält das schräge Kreuz, an dem er, wie die Legende berichtet, den Märtyrertod erlitt.
- St. Jacobus d. Ältere, auch einer der zwölf Apostel. Seine Gebeine wurden laut Legende nach Santiago de Compostela überführt, dem Ziel vieler Pilger seit dem Mittelalter. Die Darstellung zeigt Jacobus als Patron aller Pilger, ausgestattet mit einem langen Pilgerstab. An der breiten Hutkrempe

trägt er zwei Pilgerzeichen, die Pilgermuschel und ein Pergamentblättchen mit dem Bild Christi.
- Maria, die Mutter des Herrn, und Johannes, der Jünger.
- St. Stephan, einer der sieben Diakone der Urgemeinde in Jerusalem. Er starb als erster Märtyrer der Christenheit (Act. 7). Nach einem kurzen Prozeß wurde er wegen Gotteslästerung zum Tode verurteilt und gesteinigt. Das Altarbild zeigt ihn im Ornat eines Diakons. Auf dem linken Unterarm trägt er die Steine, dazu die Siegespalme. Stephan schaut als einziger frontal auf den Betrachter.
- St. Antonius (251-356). Leitfigur vieler Eremiten. Er hält in seiner linken Hand das T-förmige Antoniterkreuz. Die rechte Hand trägt ein Glöckchen. Antonitermönche pflegten in

Details der Mitteltafel: Stifter unter dem Kreuz (links), Gebetsbuch des Johannes (rechts).

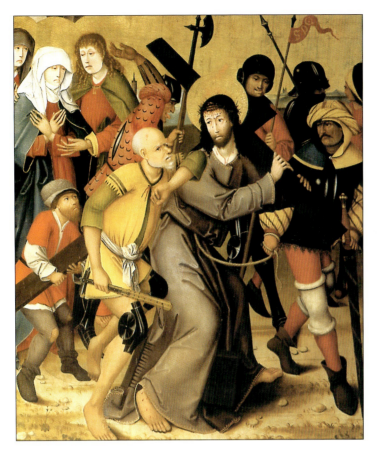

Linker und rechter Seitenflügel mit Kreuztragung und Gebet Christi im Garten Gethsemane.

Hospitälern Aussätzige und auch Pestkranke. Mit einem Glöckchen warnten sie vor Ansteckungsgefahr. Ein Schweinchen begleitet den in Gedanken versunkenen Greis. Oft wurde am 17. Januar, dem Tag des Heiligen Antonius, ein Schwein geschlachtet und unter die Armen verteilt.

Der Altar reiht sich ein in die traditionelle Heiligenverehrung. In populären Heiligenviten wurde während des ganzen Mittelalters von extrem rigoroser Askese und der wundertätigen Gebetsmacht der Heiligen berichtet, von Dämonenkämpfen und erstaunlichen Wundertaten. Jetzt sind sie unter dem Kreuz versammelt, im Anblick des Erlösers. Der eigene Heiligenschein verschwindet angesichts der Herrlichkeit Christi. Der Altar entstand wenige Jahrzehnte vor der Reformation.

Aus der Predigt von Bischof Krusche bei der Einweihung des Altarbildes Pfingsten 1977:
'Wir haben allen Grund uns zu freuen, daß wir zur Kirche gehören, zu der neuen Gemeinschaft, über die die Mächte der Todeswelt keine Gewalt mehr haben. Hier sind wir in einer letzten Geborgenheit. Gewiß: auch in dieser Gemeinschaft wird gestorben, wird Leid erfahren, wird uns Schweres zugemutet - aber das kann uns nicht mehr trennen von dem Leben, das wir in Christus haben.' [83]

Die Kunstwerke im Hohen Chor

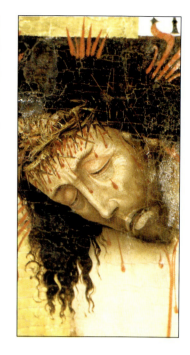

Versammlung unter dem Kreuz
(von links nach rechts):
Andreas, Jacobus, Maria, Johannes,
Stephanus, Antonius

Die Kunstwerke im Hohen Chor

Madonna im Strahlenkranz

Die Madonna im Strahlenkranz und die Verkündigungsszene sind Reste eines Marienaltars und wurden vor etwa 40 Jahren auf einer Grundplatte zusammengefügt. Das Schnitzwerk entstand um 1480, als diese Form der Marienverehrung weit verbreitet war. Sie geht zurück auf die biblische Vision Offb. 12,1:
'Es erschien ein großes Zeichen am Himmel: eine Frau, mit der Sonne bekleidet, und der Mond unter ihren Füßen, auf ihrem Haupt eine Krone mit zwölf Sternen...' Statt dieser Krone begnügt sich die Darstellung mit einem Goldnimbus und sechs Strahlen auf blauem Grund. Die Mondsichel ist nach oben geöffnet, die goldenen Sonnenstrahlen werden umkränzt von einer himmelblauen Mandorla, die die kosmische Bedeutung der Erscheinung unterstreicht. Das Jesuskind preßt die Weltkugel wie einen Spielball an sich. Die drei Farben Rot, Blau und Gold wurden wegen ihrer Mariensymbolik regelmäßig für Mariendarstellungen verwendet. Der alte Farbauftrag ist erstaunlich gut erhalten geblieben.

Eine Legende trug dazu bei, daß diese Form der Marienverehrung populär wurde. Eine heidnische Seherin habe dem römischen Kaiser Augustus eine himmlische Erscheinung gezeigt und gedeutet: eine Frau mit einem Knaben auf dem Arm wurde von Sonnenstrahlen umleuchtet, weil mit diesem Knaben der überlegene Weltenherrscher angekündigt würde.

In einem altkirchlichen Marienlob heißt es:
'Glückselig bist du, Maria, denn aus deinem Schoß ging ein Glanz hervor, der den ganzen Erdkreis überstrahlt...'

Vesperbild um 1500

Auf dem Altar im südlichen Querschiff hat ein Vesperbild seinen Platz gefunden, eine Holzschnitzerei, etwa um 1500 entstanden.

Der Name Vesperbild bürgerte sich ein, als im 14. Jahrhundert der Tag nach den Stunden der Passionsgeschichte eingeteilt wurde. Die Kreuzabnahme und Beweinung fiel in die Vesperzeit (17 - 19 Uhr).

Es geschah zwischen Kreuzabnahme und Grablegung. Der Leichnam Jesu liegt auf dem Schoß seiner Mutter. Leichenstarre ist angedeutet, der Kopf fällt nicht nach unten. Die linken Hände berühren sich. Blutflecken auf dem Gewand der Maria fallen kaum auf. Trotz einiger drastischer Details bleibt es ein Bild der stillen Trauer.

Einst Geburt und Madonna, nun Tod und schmerzensreiche Mutter. Nach der Geburt Jesu war ihr geweissagt worden: *'Durch deine Seele wird ein Schwert dringen.'* (Luk. 2,35)

Pestwellen im späten Mittelalter trugen zur Verbreitung dieses Andachtsbildes bei. Klage und Andacht vor diesem Leidensbild hatte zuvor auch ihren dichterischen Ausdruck gefunden:

'Ich nam min zartes kint uf min schoze und sah in an - do waz er tot; ich lugt in aber und aber an.' [84]

Die Kunstwerke im Hohen Chor

Berge des Heils

Dieser Wandbehang wurde von der Künstlerin Christine Leweke/Halle in den Jahren 1993/1994 gearbeitet und vom Rotary-Club Lübbecke gesponsert. Vorangegangen waren acht Jahre einer schrittweisen Klärung, welche Thematik einer so großen Bildfläche angemessen wäre. Schließlich wurde das Thema 'Berge des Heils' gewählt, ein für eine auf dem Berg liegende Kirche angemessenes Thema.

Sechs Berge bilden das breite Panorama, in dessen Zentrum die aufragende Gestalt Christi Himmel und Erde miteinander verbindet. So wie Gott nach sechs Schöpfungstagen sein Werk mit dem Sabbat am siebenten Tag krönte, so überstrahlt Christus die sechs erhabenen und doch nur vorläufigen Gottesbergerfahrungen.

Von links nach rechts:

a) die Opferung Isaaks (1. Moses 22); der Engel als Bote Gottes hat das schreckliche Drama beendet, der Himmel ist wieder offen.
b) die Berufung des Moses (2. Mose 3); ein Kreis symbolisiert die Worte Gottes aus dem brennenden Dornenbusch: 'Ich bin, der ich bin.'
c) Der Tod des Moses (5. Mose 34); Moses stieg auf den Berg Nebo; er schaute das verheißene Land, das zukünftige Jerusalem. Als Moses gestorben war, 'begrub Gott ihn im Tal.'
d) Noah nach der Sintflut (1. Moses 8.9); die Wasser verlaufen sich, die Taube bringt einen Ölzweig von einem grünen Baum.
e) Christus stirbt auf Golgatha; 'eine Finsternis kam über das ganze Land. Die Erde erbebte und Felsen zerrissen.'
f) die Bergpredigt (Matth. 5-7); sie entspricht im Neuen Bund der Gesetzgebung auf dem Sinai im Alten Bund.

Aus der Predigt von Pfarrer Feldmann/Lübbecke am 29. Mai 1994:

'Seine tragende Gestalt verbindet die Weite des Himmels mit der Tiefe menschlichen Lebens. Er ist die Verknüpfung von Himmel und Erde, eingebunden in menschliches Schicksal.'

Die Stiftskirche zu Quedlinburg

Der Quedlinburger Knüpfteppich

Zu den kostbaren Bildwerken der Stiftskirche gehört der Quedlinburger Knüpfteppich, der älteste in Deutschland. 'Als Knüpfteppich steht er in seiner Zeit sogar einzigartig in Europa da.' [85] Die fünf Fragmente wurden 1832 auf dem Boden der Patronatslogen gefunden und in dem Zittergewölbe aufgehängt. 1939 wurden sie mit dem Domschatz ausgelagert und nach dem Kriege seit 1961 in dem neuen Raum hinter der Orgel in völliger Dunkelheit aufbewahrt.

1991 stellte die Stadt Quedlinburg in großzügiger Weise vier kleinere Räume des Schlosses zur Verfügung, so daß ein Ausstellungsraum für das textile Kleinod entstehen konnte. Die Teppichteile wurden in einem Winkel von 45° auf eine Unterlage aufgelegt, um die Zugkräfte auszuschalten, die bei steiler Aufhängung stets für neuen Schaden gesorgt hatten.

Ursprünglich lag der Teppich auf dem Boden des Hohen Chores. Mit seiner Größe von 5,70 x 7,00 m füllte er den Raum des Hohen Chores bis zum Altar.

Dieses riesige Textilwerk wurde begonnen und vollendet, als die kunstsinnige Äbtissin Agnes II. von Meißen das Stift leitete. Sie starb 1203. Eine Urkunde um 1200 bestätigt, daß damals ein 'Teppich vor dem Hochaltar' lag, sodaß als sicher gelten kann, daß der Teppich Ende des 12. Jahrhunderts fertiggestellt wurde. [86]

Der Teppich setzt sich aus fünf Bildzeilen zusammen, deren drei mittlere die Vermählung Merkurs mit der Philologie darstellen, während die untere Bildzeile einen Garten mit den Jahreszeiten und den vier Elementen zeigt.

Mit dem Thema 'Imperium - Sacerdotium' in der obersten Bildzeile schloß das Bildprogramm am Fuße des Altars ab.

Eine monumentale Kaisergestalt mit Lilienszepter thront auf hohem, mit Edelsteinen geschmücktem Thron. Es ist das Idealbild des mittelalterlichen Herrschers, das personifizierte Imperium. Die Form der Krone lehnt sich an byzantinische Vorbilder an und zitiert zugleich mittelalterliche Darstellungen des Königs David. Der 'Kopf ist ein ungeheuer bewegtes Ganzes. Der wache zupackende Blick läßt die Aktivität des Herrschers spüren... Das Imperium hat die Gestalt Davids, des mittelalterlichen Herrscherideals angenommen'. [87] Ein Spruchband in des Kaisers Hand mahnt 'Richte gerecht'.

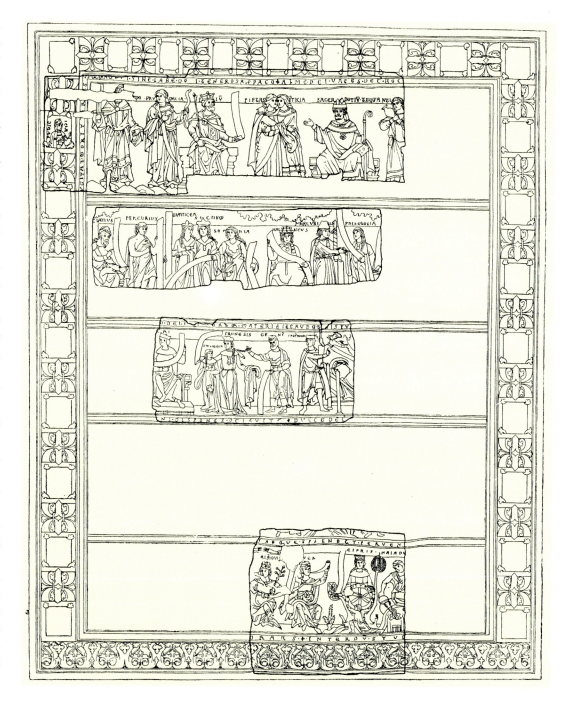

Der Quedlinburger Knüpfteppich

*Der Thron des Königs wird erhöht
in der Gerechtigkeit des Herrn.*

*Siehe, wer hinsieht,
dem steht deutlich vor Augen,
wieviel die Gerechtigkeit des Königs
auf Erden vermag.*

*Er ist nämlich der Friede der Völker,
der Schutz des Vaterlandes,
die Freiheit des Volkes,
der Schutz der Sippe,
die Fürsorge für die Kranken,
die Freude der Menschen,
die Mäßigkeit des Windes,
die Heiterkeit des Meeres,
die Fruchtbarkeit des Meeres,
der Trost der Armen.*

Aus dem Hirtenbrief
des Erzbischofs Hinkmar von Tours, um 882

Der Quedlinburger Knüpfteppich

Auf etwas niedrigerem, aber sehr breiten Thron verkörpert ein Bischof das Sacerdotium. Er schaut eindringlich auf den Betrachter und weist mit der Rechten auf zwei sich umarmende Frauen. Diese Geste ist so wichtig, daß die Bischofsattribute von der anderen Hand allein gehalten werden müssen, nämlich der Bischofsstab, die Bibel und eine Spruchrolle, die nicht aufgerollt wird. Die Mitra hat im Unterschied zu dem Bischofsbild in der Krypta die Zweispitz-Form angenommen. In die einst vermutlich purpurrote Kasel ist unter blauem Schmuckband das Lilienmotiv eingearbeitet.

In der Mitte zwischen Kaiser und Bischof begegnen sich Justitia und Pietas, die Hauptvertreterinnen der irdischen und der himmlischen Kardinaltugenden, begleitet von drei anderen Tugenden.

Fortitudo, die Tapferkeit, das Durchsetzungsvermögen, hat das Schwert aufgerichtet; Prudentia, die Klugheit, hält die Schlange hoch ('*Seid klug wie die Schlangen*'), während Temperantia, das Maßhalten, Wasser mit Wein mischt.[88]

Die führende Rolle unter den vier Kardinaltugenden ist der Justitia zugewachsen. Als eine Art Dachtugend kann sie die drei anderen Tugenden mitvertreten, denn sie ist deren Maß und Mitte. Sie ist das Prinzip der Weltordnung, zu deren Bewahrung Gott dem Kaiser das Schwert verliehen hat. Aber der Kaiser hält nicht das Schwert in seiner Hand, sondern die zwei Worte seines Auftrages 'Richte gerecht'. Er ist der Pietas zugewandt. Pietas bezeichnet - im mittelalterlichen Verständnis - nicht die Frömmigkeit des Menschen, sondern die Güte und Milde. Sowohl Pietas wie auch Justitia beschreiben Eigenschaften Gottes, die allerdings schwierig in Übereinstimmung zu bringen sind. Justitia verurteilt und straft, Pietas aber verzeiht. Justitia kann nicht Gnade vor Recht gehen lassen; Pietas aber will, daß Gottes Gnade recht behält.

Durch seinen Opfertod hat Christus der Gerechtigkeit Genüge getan und dadurch Verzeihung erwirkt. So sind im Reiche Christi Gerechtigkeit und Güte einander geschwisterlich zugetan.

Das hat Auswirkungen für die Gestaltung von Imperium und Sacerdotium. Der Herrscher, dem hier auf Erden von Gott Macht verliehen wurde, soll der Gerechtigkeit dienen und ihr Geltung verschaffen und zugleich auch Huld gewähren. Schon

Der Quedlinburger Knüpfteppich

Seite 115:
Vergrößerter Ausschnitt
des Teppichs.

Seite 116:
Rekonstruktion des Knüpfteppichs
nach Brinkmann I, S. 146.

Seite 117:
Der Kaiser (Imperium).

Seite 118:
Der Bischof (Sacerdotium).

Seite 119:
Pietas und Justitia.

Seite 120:
Die Speisung der Fünftausend.
Jetziger Zustand.

seit dem 7. Jahrhundert wurden Justitia und Pietas als die zwei entscheidenden königlichen Tugenden herausgestellt.[89]

Als der Teppich in den Jahren 1190-1200 geknüpft wurde, erlebte der Investiturstreit trotz des Wormser Konkordates (1122) immer neue Auflagen. Seitens der Hofkanzlei wurde in den letzten Jahrzehnten des 12. Jahrhunderts die Formulierung sacrum imperium (heiliges Reich) in Urkunden benutzt, das Kaiserreich als das christliche Reich bezeichnet und der Kaiser in seiner sakralen Würde bestätigt (sacra imperii majestas). So wurde die Gottunmittelbarkeit des Kaisertums betont gegen die Ansprüche des Papstes, das Kaisertum als göttliches Lehen zu vergeben.

In dieser Auseinandersetzung um die legitime Gestalt weltlicher und geistlicher Machtausübung bezogen die Stiftsdamen klare Position, denn der Thron des Kaisers wurde höher angeordnet als der Bischofssitz.

Dennoch bleibt viel Raum für das wegweisende bischöfliche Amt. Beide Gewalten, Imperium und Sacerdotium, werden von Christus seinen Stellvertretern verliehen. Er stattet Bischöfe mit apostolischer Vollmacht aus und bleibt doch der eigentliche 'Bischof der Seelen' (1. Petr. 2,25); er weist dem Kaiser Macht zu und bleibt doch der wahre Imperator.

Wie direkt und symbolträchtig man sich diese kaiserliche Beauftragung vorzustellen vermochte, demonstriert die Sitzordnung bei dem 'Reichstag Jesu Christi' im März 1188 in Mainz. Friedrich I. ließ den Thronsessel in der Mitte frei für Christus als dem eigentlichen Throninhaber. Zu beiden Seiten des leeren Thrones nahmen der Kaiser und der päpstliche Legat Platz.

Die auf dem Quedlinburger Knüpfteppich dargestellte Gewaltenteilung ist trotz der unterschiedlichen Sitzhöhe ein Bild der Versöhnung. Weil Christus befähigt, vergeltende und vergebende Gerechtigkeit miteinander auszugleichen, können Kaiser und Bischof, als Partner aufeinander angewiesen und in der Bewegung einander zugeordnet, ihre besondere Beauftragung erfüllen. Wenn dies geschieht, erfüllt sich das Wort aus Psalm 85,11:
'Güte und Treue begegnen einander, Gerechtigkeit und Friede küssen sich.'

Glossar

Akanthus - Pflanzenform und ornamentale Umsetzungen.

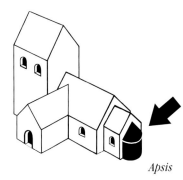

Apsis

Äbtissin
Gewählte Vorsteherin eines selbständigen Frauenklosters.

Akanthus (griech.-lat.)
Im Mittelmeer verbreitete Distelart, deren großlappige, gezackte Blätter in stilisierter Form ein beliebtes Dekorationselement in antiker und nachantiker Zeit sind.

Alabaster
Kristalline Form von Gips oder schwefelsaurem Kalk. Weicher als Marmor und nicht witterungsbeständig.

Albe
Bodenlanges, gegürtetes Untergewand aus weißem Leinen, das zur liturgischen Kleidung von Priestern und Diakonen gehört.

Almandin
Rötlicher Edelstein aus der Gruppe der Granate.

Apokryphen
Schriften von teils unbekannten, teils legendären Autoren v. a. der christlichen Frühzeit, die den Inhalt des Alten und Neuen Testamentes variiert oder erweitert wiedergeben. Für die Bildende Kunst durch ihre Erweiterung bestimmter wichtiger Teile der Bibel von großer Bedeutung.

Apsis
In spätrömischer Zeit aufgekommene Bezeichnung für einen halbkreisförmigen, mit einer Halbkuppel überwölbten Raum, der einem ihm übergeordneten Hauptraum ein- oder angebaut ist und sich meist in voller Breite und Höhe zu diesem öffnet. Im Mittelalter werden auch polygonale Apsisformen möglich.

Arkade (frz.-lat.)
Bogen oder Bogenreihe, die auf Säulen oder Pfeilern ruht. Auch ein Gang, dessen eine Seite von offenen Bogenstellungen begrenzt wird.

Bergkristall
Durchsichtig-farbloser sehr reiner Quarz.

Bosse, Bossenform
Die nur roh zugerichtete, bucklige Vorderseite eines Werksteines oder Quaders. Auch eine nur angelegte, nicht vollendete Bildhauer- oder Steinmetzarbeit.

Brakteat
Mittelalterliche deutsche Münze aus dünnem Silberblech, einseitig so geprägt, daß das Bild auf der Rückseite vertieft erscheint.

Confessio
Vorform der Krypta. In Quedlinburg kleiner, im Grundriß hufeisenförmiger Raum, dessen Inneres durch Nischen mit feinem Stuckdekor gegliedert ist.

Diaspora
Gebiete, in denen Glaubensgemeinschaften unter einer weit überwiegend andersgläubigen Bevölkerung leben.

Eigenkirche
Kirche, die von einem Eigenkirchenherrn gegründet wurde und über die der Gründer ebenso wie über ihren Besitz und ihre Geistlichkeit noch eine Reihe von Rechten behielt. Im Mittelalter waren viele Eigenkirchen in die Grundherrschaft weltlicher Herren eingegliedert, aber auch Bischöfe und Äbte besaßen zahlreiche Eigenkirchen als Bestandteile ihrer Grundherrschaften.

Eucharistie
Ursprünglich Danksagung bei der Einsetzung des Abendmahles, später Bezeichnung für die Abendmahlsfeier selbst.

Freskomalerei
Malerei mit in Wasser angeriebenen kalkbeständigen Farben auf frischem, kurz vorher aufgetragenem Kalkputz. Die Farben dringen in die nasse Putzschicht ein und bleiben nach dem Trocknen unlöslich mit ihr verbunden.

Grabstele/Stele
Unmittelbar auf dem Boden, häufiger jedoch auf einer Basis aufgestellte, meist längsrechteckige oder sich nach oben verjüngende Steinplatte, auch freistehende Säule oder Pfeiler als Inschrift-, Ornament- oder Bildträger. Die Grabstele ist seit der Antike ein Element des Totenkultes.

Heiligenvita
Lebensbeschreibung eines Heiligen.

Heraldik (Heroldskunst)
Im weitesten Sinne alles, was mit der Entstehung, der Gestaltung und der Anwendung von Wappen zusammenhängt.

Judenhut
Hutartige Kopfbedeckung mit flacher Krempe und schmaler, kegelförmiger Kalotte, die den Umriß eines umgekehrten Trichters zeigt. In der bildenden Kunst des Mittelalters als charakteristisches Zeichen für Verteter und Repräsentanten des Alten Testamentes und für Personen jüdischer Herkunft im Neuen Testament dargestellt.

Kämpfer
Zone, in der die Krümmung eines Bogens oder eines Gewölbes beginnt und an der die Lasten eines Bogens oder eines Gewölbes vom aufgehenden Mauerwerk aufgenommen wird.

Kalvarienberg (Schädelstätte)
Bezeichnung für den Berg Golgatha als Ort der Kreuzigung Christi.

Kapitell
Ausladendes Verbindungsglied zwischen einer Säule bzw. einem Pfeiler und dem nach oben hin anschließenden Bauteil.

Konventualin
Weibliches Mitglied eines Konvents, Bewohnerin eines Klosters.

Korinthisches Kapitell
Jüngster griechischer Kapitelltypus, gegen Ende des 5. Jahrhunderts v. Chr. entstanden, in der Antike und in nachantiker Zeit weit verbreitet.

Korporalienkasten
Behälter für Korporaltücher, die während der Messe als Unterlage für Kelch und Patene auf dem Altar ausgebreitet wurden.

Krypta
Begräbnisraum unter einer Kirche. In frühchristlicher Zeit Grabraum in Katakomben.

Liturgie
Gesamtheit der von der Kirche nach Form und Inhalt vorgeschriebenen gottesdienstlichen Handlungen.

Märtyrer
Bezeichnung für Christen, die für den Glauben an Christus ein Blutzeugnis abgelegt haben.

Orantes
Darstellung von Personen in altchristlicher Gebetshaltung, d. h. mit ausgebreiteten Armen.

Prämonstratenser
Katholischer Orden, gestiftet 1120 von Norbert von Xanten in Prémontré (Frankreich). Folgte der Augustinerregel und machte sich besonders um die Christianisierung Norddeutschlands verdient.

Prozession
Feierlicher Umzug der Geistlichkeit und des Volkes in und um Kirchen oder auf öffentlichen Straßen und Plätzen.

Reliquiar
Behältnis zur Aufbewahrung und Zurschaustellung von Reliquien.

Kämpfer

Korinthisches Kapitell

Volute

Reliquie
Körperlicher Überrest eines Heiligen oder Gegenstand, der mit ihm in Berührung gekommen ist oder mit ihm in einer besonderen Beziehung stand.

Säulenportal
Portal, in dessen abgetreppter Laibung (Stufenportal) Säulen eingesetzt sind. Besonders häufig in der romanischen Baukunst.

Seccomalerei (ital.)
Wandmalerei auf trockener Putzfläche.

Tauffünte
Bezeichnung für die seit romanischer Zeit in Norddeutschland vorkommenden Taufbecken aus Bronzeguß.

Volute
Spiral- oder Schneckenform, die häufig an Konsolen, Giebeln und Kapitellen vorkommt.

Stiftskirche oder Dom? Ein Nachtrag.

Prof. Mrusek publizierte 1963 einen Kunstband über die Hauptkirchen von Quedlinburg, Magdeburg und Halberstadt unter dem Titel 'Drei deutsche Dome'. Die Bezeichnung 'Dom' wurde für die Quedlinburger Stiftskirche genauso verwendet wie für die Bischofskirchen von Magdeburg und Halberstadt.

Gegen diesen Sprachgebrauch 'Dom' für die Stiftskirche und deren Kirchenschatz wird oft Einspruch erhoben mit dem Hinweis, daß Quedlinburg kein Bischofssitz gewesen ist. Natürlich verunsichert es manchen Touristen, wenn er den 'Domschatz' in der 'Stiftskirche' suchen muß. In anderen Städten, in denen ebenfalls nie ein Bischof residierte, hat sich die Bezeichnung 'Dom' so fest eingebürgert, daß sie gar nicht mehr hinterfragt wird.

In einem Briefwechsel mit der katholischen Domgemeinde Frankfurt/M. führt der für den Frankfurter Dom zuständige Kustos Joachim Pick unter dem Datum 3.12.1992 u.a. aus: 'Eine völlig eindeutige Definition des Begriffes „Dom" gibt es nicht. Langer, durch bestimmte historische Fakten geprägter Sprachgebrauch hat da oft Tatsachen geschaffen, die es zu respektieren gilt. In dieser Hinsicht beziehen sich St. Servatius in Quedlinburg und St. Bartholomäus in Frankfurt auf die gleiche Tradition: beide sind ähnlich alte Gründungen, beide waren Kirchen kaiserlicher Stifte, die in der Reichsgeschichte eine bedeutsame Rolle gespielt haben; daher unser scherzhafter Hinweis bei Führungen, daß es sich in Frankfurt um einen „Dom honoris causa" handle.

Für viele ehemalige Stiftskirchen hat sich in Deutschland das lapidare Wort „Dom" eingebürgert, obwohl „Münster" natürlich korrekter wäre. In unserer Gegend fallen mir die „Dome" von Fritzlar, Wetzlar und Altenberg ein...'

Die Befragung einschlägiger Lexika ergibt folgenden Befund:

Katholisches Lexikon für Theologie und Kirche, 1959.

- Stichwort 'Dom': ... Die heute gebräuchliche Bezeichnung Dom für die Bischofskirche war bis zum Ausgang des Mittelalters unbekannt. Dom war ausschließlich die bischöfliche Hauskapelle... - Darüber hinaus werden auch andere bedeutende Kirchen Dom genannt, mitunter, im Volksgebrauch, sogar Landkirchen.

- Stichwort 'Münster': ... Die Bischofskirchen in Worms, Straßburg, Basel, aber auch in Köln, Mainz und anderswo in Deutschland werden Münster genannt, ebenso Stiftskirchen wie in Aachen, Essen, Freiburg, Überlingen, Ulm, wie auch das Wort 'Dom' neben Bischofskirchen auch den Gotteshäusern der Stifte zukommt (z.B. in Soest, Braunschweig) ...

- Stichwort 'Stift': ...Stiftskirche oder Domkirche; Dom ist also nicht notwendig Bischofskirche ...

Evangelisches Lexikon 'Die Religion in Geschichte und Gegenwart', 1986.

- Stichwort 'Dom, Domkirche': ...in einzelnen Fällen wurden nichtbischöfliche Stiftskirchen als Dom bezeichnet, so wie umgangssprachlich bedeutende alte Kirchen gelegentlich Dom genannt werden.

Ansicht der Stiftskirche von den Türmen der Marktkirche

Anmerkungen

(1) *Lexikon der christlichen Ikonographie (LCI)*. Herder. 1994.

(2) *'Dichtergehäuse'. Aus den autobiographischen Aufzeichnungen.* Verlag 'Die Arche'. Zürich 1966.

(3) Wulf S. 357: 'das Portal der nördlichen Langhauswand... gilt als das älteste Säulenportal im deutschen Raum...'

(4) Ein Bauer aus Holstein namens Gottschalk ließ 1189 eine Vision vom himmlischen Jerusalem aufzeichnen:
'Die Häuser in dieser Stadt sind weiträumig und nach allen Seiten offen. Hunderte von Menschen treffen sich in großen Räumen. Friede geht vom Heiland aus, der wie eine schützende Mauer alle umschließt. Lieder der Freude werden gesungen, 'aber nicht aus voller Kehle, sondern mit lieblich tönender Stimme.' Die Menschen sind gesättigt vom 'fetten Korn der Erkenntnis göttlicher Weisheit. Der Strom der Wonne göttlicher Liebe hat sie abwechselnd in Trunkenheit froh und in der Fröhlichkeit trunken gemacht.'
Angenendt. *Geschichte.* S. 746

(5) Hans Bernhard Meyer. *'Was Kirchenbau bedeutet'.* 1984. S. 46

(6) J. Pichard. *Die Malerei der Romanik.* in 'Weltgeschichte der Malerei'. Lausanne 1966. Bd. 6 S. 167

(7) Leopold. S. 2

(8) Bellmann, Friedrich. *Die Krypta der Königin Mathilde.* Festschrift für Wolf Schubert. Weimar 1967. Voigtländer S. 117

(9) Angenendt. *Heilige.* S. 133: 'Wo das Grab mit dem Leib ist, da macht sich immer auch die Seele des Heiligen gegenwärtig, letztlich seine Person selbst. Mit dieser Gegenwart aber steht auch die Virtus, die überirdische Wundermacht, zum Abruf bereit... Wirkungsvoll war alles, was man vom Grab mitnehmen konnte, etwa das Lampenöl und das Kerzenwachs, ja selbst noch der Staub vom Schrein oder der Abdeckplatte... Die meisten pilgerten zu den Heiligen der nächsten Umgebung, in der Entfernung nur einer oder weniger Tagesreisen.'

(10) 'Die Krypta ist unter dem Ort der Eucharistie ein wichtiger Bedeutungsträger der zentralen Idee von Tod und Auferstehung'. Sp. 1554-6. Bd. 5 in LexMA

(11) Voigtländer. S. 145 Anm. 30

(12) cf. Adolf Goldschmidt. *Die Stilentwicklung der romanischen Skulptur in Sachsen.* Jahrbuch der königl.-preuß. Kunstsammlungen. Berlin 1900. Bd. 21 S. 225-241

(13) 'Der Mensch ist dem Nichtigen gleich gemacht, sein Tag vergeht wie ein Schatten' Ps. 144 V. 4
'Wenn der Mensch stirbt, wird er nichts mitnehmen noch steigt sein Ruhm mit ihm hinab' Ps. 49 V. 18
'Der Mensch ist wie Gras, an seinem Tage blüht er wie eine Blume auf dem Felde' Ps. 103 V. 15
Cf. auch Ernst Schubert. *Inschrift und Darstellung auf Quedlinburger Äbtissinnengrabsteinen des 12. und 13. Jahrhunderts.* in Abhandlungen der Geistes- und Sozialwissenschaftlichen Klasse. 1987. Nr. 12, S. 131-151

(14) *Widukinds drei Bücher sächsischer Geschichte* übersetzt von Reinhold Schottin. Berlin 1852. S. 112
Dort heißt es weiter:
'Jede Nacht erfüllte sie ihre Zelle mit dem Wohlklang himmlischer Lieder von jeglicher Weise und Mannigfaltigkeit. Denn sie hatte ganz nahe der Kirche ihre Zelle, in welcher sie ein wenig ruhte; aus ihr erhob sie sich jede Nacht und ging in die Kirche, während Sänger und Sängerinnen innerhalb der Zelle und vor der Tür und auf dem Wege in drei Abteilungen aufgestellt waren, um Gottes Huld zu loben und zu preisen. Sie selbst verharrte in der Kirche in Wachen und Beten und erwartete die Feier der Messen.'

(15) Angenendt *Heilige...* S. 100

(16) Angenendt *Heilige...* S. 129

(17) 'Unverständlich ist es für uns, daß bislang die wahre Bedeutung der Sinnbilder nicht erkannt worden ist. Der Kunsthistoriker versuchte sie stilistisch zu erfassen, für den Volkskundler waren sie schlechthin Bauernkunst, für den Vorgeschichtler Verzierungen seiner Gefäße... Es ist erst in der Zeit des völkischen Erwachens so weit, daß diese als wertvollen Zeugen unseres Volkstums aufgegriffen werden. Und es ist eine Aufgabe, die beweisen wird, wie aus dem germanischen Bauerntume heraus das deutsche Volk mit seinem Heimatboden verwurzelt ist, und wie die Weltanschauung unseres Volkes und unserer Rasse schon tiefgläubig war. Tiefgläubig lange bevor das Christentum mit Feuer und Schwert eingeführt wurde und alles zu vernichten trachtete, was bodenständig und artgemäß war.'
aus Spitzmann/Weigel. *Quedlinburg.* 1936. S. 64

(18) 'In den Zeiten der sächsischen Könige kam es zu der wunderbaren Verknüpfung von Glaube und Heimat, von Volkstum und Christentum. Der „Krist" unserer Väter, der „Heiland" der Sachsen hat den Weg frei gegeben zu dem Werden deutscher Geschichte.'
Aus der Predigt von Generalsuperintendent D. Eger, gehalten beim Festgottesdienst zur König-Heinrich-Gedächtnisfeier am 5. Juli 1936 in der Stiftskirche (Domarchiv).

Aus einem Schreiben des SS-Hauptscharführers Gerhard Fischer vom 25.11.1936 an die Chefadjutantur der SS in Berlin: 'Es werden mehr denn bisher Klagen über die Domführung durch Sann (Küster der Domgemeinde) laut, der die alten Runen und Sinnbilder nur in Verehrung Christi dort eingegraben wissen will...' (Rathaus-Archiv Akte 362 Bl. 165)

SS-Obersturmführer Dr. Höhne an Fischer, 31.7.37: 'Ich hoffe, daß... wir Sann abbauen lassen oder im Wiederholungsfalle ihm Sommerurlaub im Arbeitslager geben...' (Rathaus-Archiv Akte 363 Bl. 17)

Der Reichsminister für kirchliche Angelegenheiten am 18.2.1938 an den Gemeindekirchenrat der St. Servatiuskirchengemeinde: '...Es ist ganz abwegig zu behaupten, nur die Kirchengemeinde könne durch ihr Gotteshaus führen. Es handelt sich gar nicht um eine Führung durch das Gotteshaus, sondern durch das Baudenkmal... Die Führung durch das deutsche Baudenkmal aber ist eine staatliche Angelegenheit....' (Domarchiv Quedlinburg)

(19) vgl. Franz-Reinhold Hildebrand. *Die gewaltsame Inbesitznahme der Stiftskirche in Quedlinburg durch die SS.* in 'Ich glaube an eine heilige Kirche' Festschrift für D. Hans Asmussen zum 65. Geburtstag. Stuttgart 1963. S. 105-114

(20) Quinones. S. 15: 'Die christliche Religion, die selbst über ein symbolisches Rüstzeug verfügt, räumte dem Bild eine Sonderrolle ein, die es das ganze Mittelalter hindurch beibehielt. Das Bild wurde in den ersten Jahrhunderten des frühen Mittelalters zu einem Kommunikationsmittel in der Unterweisung und Lehre vom Sinn dieser Religion und ihrer Mysterien, zu einem pädagogischen Werkzeug.'

(21) Blankenburg. S. 167: 'Es darf angenommen werden, daß der Bildhauer in Quedlinburg mit den sich verschlingenden Schlangen ein Bild der Auferstehung nach dem Tode oder den Kreislauf der sterbenden und stets sich verjüngenden Jahre wiedergeben wollte, während er mit den sich selbst verschlingenden Schlangen ein Bild des ewigen Lebens, ein Symbol des Kosmos ... plastisch darstellen wollte.'

(22) Wulff. S. 61

(23) Erwin Kluckhohn. *Die Bedeutung Italiens für die romanische Baukunst und Bauornamentik in Deutschland.* (Marburger Jahrbuch für Kunstwissenschaft 16. Band 1955)

(24) Blankenburg. S. 124: 'Auch im nordischen Mythos werden die Hunde als dämonische Tiere erlebt.'

(25) Elisabeth Hohmann. *Ein Quedlinburger Kapitell.* in: 'Deutsche Kunst und Denkmalspflege'. 1940/41. S. 201/202

(26) u. a. *L Th K.* Bd. 7 Sp. 1190

(27) *L Th K.* Bd. 9 Sp. 595

(28) Wilke. S. 86

(29) Wäscher. S. 97 Anm. 137

(30) Quinones. S. 33-40

(31) *LexMA.* Band V. Sp. 1984: 'Die Lilie wird reduziert auf drei Blütenblätter, die in der unteren Hälfte zusammengebunden sind, so daß das mittlere Blatt gerade steht und die äußeren Blätter im Bogen nach unten herabfallen.'

(32) Quinones. S. 157

(33) Riemann. S. 354 ff

(34) Riemann. S. 357. Nickel. S. 12 'ein dichtes Netz von Mauerhammereinschlägen überzieht die Gemälde.'

(35) 'Es genüge nur, als symptomatische Streiflichter an Worte des größten und anerkanntesten mittelalterlichen Theologen zu erinnern, an das, was der hl. Thomas von Aquin in seiner "Summa Theologica", die zum verbindlichen Basiswerk katholischen Denkens werden sollte, über den Wert der Frau äußerte: Ihre Existenzberechtigung findet sie einzig als „Gehilfin des Mannes beim Werke der Zeugung", da er ja „zu jedem sonstigen Werke die bessere Hilfe in einem anderen Mann findet als im Weibe." Dieses ist dem Manne von Natur unterworfen, „denn im Manne überwiegt von Natur aus die Unterscheidungskraft des Verstandes."' Dinzelbacher. *Das politische Wirken...* S. 266

(36) Dorothee Sölle in einer Meditation über Susanna: 'Frauen können in diesem System nur verlieren. Wie viele Frauen bis auf den heutigen Tag steht Susanna vor der Wahl, entweder sich selber als Person mit ihrer Selbstachtung aufzugeben oder auf andere Weise in die Hände derer, die sie vernichten wollen, zu fallen. Fragt man sich, was es heißt, „vor dem Herrn zu sündigen" (V.13) so ist zunächst hier ganz materiell an den Ehebruch gedacht.
Eine moderne feministische Deutung des theologischen Begriffs „Sünde" geht aber sehr viel tiefer. Sie besagt, daß für Frauen die größte Sünde die Selbstaufgabe ist, das Sichniedrigen zum willenlosen Objekt, die Preisgabe der menschlichen Würde. Viele Frauen verstehen sich selber immer als Opfer schrecklicher Umstände, in die sie „geraten sind", nie als handelnde Subjekte, die in der Tat „vor dem Herrn" stehen und wenigstens die Freiheit der Susanna haben, nein zu sagen. Indem Susanna sich dem Willen der gesellschaftlich respektierten, zur herrschenden Elite gehörenden Männer ver-

weigert, bricht sie die stumme Unterwerfung unter die männliche Gewalt, wie sie von der Tätschelei und Belästigung im Büro bis zum als Gewohnheitsrecht angesehenen Inzest lebt. Sie verhält sich als Mensch, obwohl sie doch dazu da ist, als Sache benutzt zu werden.' H.Haag. *Große Frauen*. S. 238

(37) Duby S.81. 'Es sind Fälle bekannt, daß Mädchen tatsächlich als Ketzerin den Scheiterhaufen besteigen mußten, weil sie sich nicht von Klerikern verführen ließen.' Dinzelbacher/Bauer. *Frauenbewegung...* S.19

(38) *Brunos Buch vom Sächsischen Krieg* übersetzt von Dr. Wattenbach. Berlin 1853

(39) Die Exemtion, d.h. die Ausgliederung eines Stiftes aus dem Aufsichtsbereich eines Bischofes, wurde von dem Halberstädter Bischof erst 1259 anerkannt. Bis dahin waren die Halberstädter Bischöfe nicht bereit, die kirchenhoheitliche Gewalt der Stiftsäbtissinnen zu respektieren.

(40) H. Haag. *Große Frauen*. S. 240

(41) K. Klumpp. Bd. II. S. 37 Anm. 60

(42) zitiert nach Duby. S. 103

(43) V. 34 'legten ihre Hände auf ihr Haupt' wie in 3. Moses 24,14 als Verhaltensmaßregel geboten: 'alle, die das Strafbare bezeugen können, sollten dem Beschuldigten die Hände fest auf den Kopf legen.' Es handelt sich im Gegensatz zur Segenshandlung um eine Fluchübertragung. Ein Zeuge ist durch eine gehörte Gotteslästerung oder durch Gesehenes befleckt und lädt durch die Handauflegung die Befleckung auf den Schuldigen ab.

(44) Schild. S. 15, S. 123

(45) bei dem gotischen Portal war zuvor wahrscheinlich ein romanisches. Cf. Wäscher S. 45 und Abb. 123

(46) Jacob Kremer. *Die Zukunft der Toten*. Benno-Verlag. Leipzig 1990: 'Das Nebeneinander von Auferweckung des Lazarus und des Brotwunder verweist auf die enge Verbindung zwischen der Totenerweckung in der Taufe (bzw. Buße) und der Speisung in der Eucharistie wie die Kirchenväter vielfach betonen.' S. 108: 'Die Darstellung (des Lazarus-Wunder) auf einem Kultgerät erinnert an die Beziehung zwischen Jesu Sieg über den Tod und dem Bekenntnis dazu beim Empfang des eucharistischen Lebensbrotes.'

(47) Cf. Althoff, Gerd. *Der frieden-, bündnis- und gemeinschaftsstiftende Charakter des Mahles*. in 'Verwandte Freunde und Getreue'. Darmstadt 1990. S. 204 ff

(48) K. Klumpp II. S. 97 Anm. 237

(49) Angenendt. *Geschichte...* S. 131

(50) Heinrich Pleticha. *Deutsche Geschichte*. Bd. 3. Gütersloh 1982. S. 30

(51) Riemann. S. 378 Anm.8

(52) Troescher. S. 357

(53) Cf. Jäschke, Kurt-Ulrich. *Notwendige Gefährtinnen: Königinnen der Salierzeit als Herrscherinnen und Ehefrauen im römisch-deutschen Reich des 11. und beginnenden 12. Jahrhunderts*. Saarbrücken-Scheidt 1991.

(54) Angenendt. *Geschichte*. S. 310

(55) Angenendt. *Geschichte*. S. 316

(56) Appelt, Heinrich. *Die Kaiseridee Friedrich Barbarossas*. Wien 1967. S. 27 f

(57) Cf. Siegfried Kogelfranz/Willi A. Korte. *Quedlinburg - Texas und zurück*. München 1994
F. Goßlau. *Verloren, gefunden, heimgeholt*. Quedlinburg 1996
William H. Honan. *Treasure hunt*. New York 1997
Katalog herausgegeben von Prof. Dr. Kötzsche. Berlin 1993

(58) *Sternstunden*. Katalog der Jubiläumsausstellung der Kulturstiftung der Länder. Stuttgart 1998. S.55

(59) Horst Fuhrmann in *Das Quedlinburger Evangeliar*. München. S. 18 f.: 'Untergebracht ist der Domschatz im sogenannten Zitter, sprachlich wahrscheinlich abzuleiten von sanctuarium oder secretarium, nach dem Grimmschen Wörterbuch eines jener seltenen Wörter, die in allen Geschlechtern vorkommen. Zitter sei überdies ein Ausdruck, der, im Mitteldeutschen seit dem 14. Jahrhundert belegt, nur im nördlichen Harzvorland begegnet, also reines Harzidiom darstellt.'
Voigtländer. S. 82 Anm. 10: 'Ziteranlagen befanden sich in vielen mittelalterlichen Kirchenbauten z.B. in St. Wiperti - Quedlinburg. 1396 heißt es: 'under deme Syttere to Sente Wyprechte.'

(60) Johann Michael Fritz. *Trésors du Moyen Age*. o. J. Domarchiv: 'Als Folge der Säkularisation wurden Klöster und Stifte aufgelöst und ihr Besitz in Kapital umgewandelt, ein höchst barbarischer Vorgang, denn er bedeutete das Ende fast aller Kirchenschätze. Der Eifer der verantwortlichen Regierungen, wirklich nur alles mögliche zu Geld zu machen, war so groß, daß man mit eisernen Kämmen die Goldfäden aus den Paramenten ziehen ließ. Deshalb existieren die Schätze vieler berühmter Kathedralen - ich nenne stellvertretend nur Mainz, Speyer, Straßburg, Konstanz, Würzburg, Magdeburg und die fast aller Abteien nicht mehr.'

(61) Nachdem das Gymnasium von Quedlinburg die Stiftsbibliothek übernommen hatte, verlangte der Leiter des Gymnasiums auch die Herausgabe des Samuhel-Evangeliars, des Otto-Adelheid-Evangeliars und des Evangeliars von 1513. Die Kirchengemeinde wiederum forderte die Rückgabe einiger älterer Andachtsbücher. Dieser Streit wurde durch ein Decret vom 11.III.1834 wie folgt entschieden:
'Dem Vorstande der St. Servatii-Kirche eröffnen wir hiermit im Auftrage des Königlichen Ministeriums der geistlichen Angelegenheiten..., daß das gedachte Königliche Ministerium das Eigentum der St. Servatii-Kirche an die im Cythergewölbe der dortigen Schloß „vormaligen Stifts" Kirche noch vorhandenen Kunstgegenstände und an den drei Evangelistarien dieser Kirche ausdrücklich anerkennen will, dagegen der St. Servatii-Kirche auf die in der gemeinschaftlichen Bibliothek zu Quedlinburg befindlichen 4 Gebetsbücher
a des Herzogs Alexander von Schleswig Holstein
b Jesusbüchlein
c Betbüchlein vom Jahre 1588 und
d Gebetsbüchlein der Äbtissin Maria von Sachsen
ein Anspruch nicht zugestanden werden kann.'

(62) Aus: *Gutachten über das karolingische Evangeliar der Stiftskirche von Quedlinburg* vom 10.4.1990. Domarchiv

(63) Georges Duby schreibt in einem Kapitel über die karolingische Renaissance: 'Alles Streben nach formaler Vollkommenheit scheint nun auf das Buch gerichtet ... das Buch verdiente diese bevorzugte Behandlung, denn es enthielt, wie ein Tabernakel, das Wesentliche des Heiligen, das in dieser Welt gegenwärtig ist: das Wort Gottes ... geschrieben in einer Schrift von höchster Klarheit.'
Aus: *Kunst und Gesellschaft im Mittelalter*. Berlin 1998. S. 30

(64) Heydenreuter. S. 89-91

(65) Br. Adelhard Gerke O. S. B. *Die Patrone der Quedlinburger Stiftskirche*. 1995. Domarchiv

(66) Brinkmann. S. 125

(67) Kötzsche. S. 52-58

(68) *Belser Stilgeschichte*. Stuttgart, Zürich 1993. Band IV S. 44

(69) Brinkmann. S. 122

(70) Quinones. S. 78 und S. 164

(71) *Die Jahrbücher von Quedlinburg*. übersetzt von Dr. Eduard Winkelmann. Berlin 1862. S. 21. 'An nicht wenigen Stellen hat man den Eindruck, hier habe sich die persönliche Sicht der Äbtissinnen, also der Tante oder Schwester Ottos III., niedergeschlagen.' Gerd Althoff. *Otto III*. Darmstadt 1997

(72) Paul Hetherington. *Byzanz*. Luzern 1982. S. 93

(73) Gerd Heinz-Mohr. *Lexikon der Symbole*. München 1998. S. 180

(74) Ranke/Kugler. 1838. S. 135

(75) Kötzsche. S. 68

(76) *LThK*. Bd. 9 Sp. 1143 und Bd. 1 Sp. 735

(77) Hiob (Hiob 16,18): Dieser hat gelitten, ohne daß seine Hand unrecht getan hat. Esra (Esra 6,11): Der am Holz hängt, ist dem Tode ausgeliefert worden.
Petrus (1. Petr. 2,24): Christus hat unsere Sünde über das (Kreuzes) holz hinaus getragen.
Andreas (Passio Andreae 4): Wenn ich mich vor dem Galgen des Kreuzes entsetzt hätte, hätte ich den Ruhm des Kreuzes nicht vorhergesagt. Angaben nach Katalog Kötzsche S. 84

(78) Berent Schwineköper. *Eine unbekannte heraldische Quelle zur Geschichte Kaiser Otto IV. und seiner Anhänger*. Göttingen 1972

(79) Lutz Fenske. *Das Quedlinburger Minnekästchen*. Manuskript Domgemeindearchiv. o.J.

(80) dies und die folgenden Angaben nach B. Schwineköper.
Auf der fotografischen Wiedergabe sind folgende Wappen zu sehen:
auf dem Deckel (von links nach rechts):
in rot ein silberner Zickzackbalken mit fünf Spitzen - Jusarius Schenk von Blankenburg oder Caesarius von Halberstadt, Vogt von Quedlinburg;
in rot ein rechtsehender weißer Adler - Graf Albrecht I. von Arnstein;
in rot eine fünfblättrige weiße Rose mit rotem Stempel - Edelherr Hermann II. von Lippe oder Graf Gosmar von Kirchberg;
in blauschwarzem Feld ein geflügelter weißer Fisch - Edelherr Hermann IV. von Lobdeburg;
Auf der vorderen Wand neben den Turnierreitern:
in rot ein weißes Andreaskreuz mit vier silbernen Ringen - Justatius von Schlon (oder Varenholz), Burgmann von Vlotho;
in gold rechtsehender Adler, unten weiß und rot geschachtet - Graf Otto von Botenlauben oder Grafen Bertold oder Poppo von Henneberg;
auf sieben Streifen steigender, rechtsblickender, roter Löwe - Graf Hildebold I. von Roden oder Bernhard von Horstmar;
in schwarz drei weiße Seeblätter - Graf Friedrich von Brehna oder Graf Otto I von Tecklenburg.

(81) Bern Ulrich Hucker. *Kaiser Otto IV.* Hannover 1990

(82) 1a: miserere mei deus scdm magm miam tuam et
1b: miserere mei deus secundum magnam misericordiam tuam et
Die acht Zeilen des Andachtsbuches in der Hand des Johannes lauten:
In te d(omi)ne spe-ravi non con-fundar in e-ternum; fiat mi(sericordi) tua d(omi)ne sup(er) nos q(u)e(m) - admodum spera-vimus in te = Auf dich, Herr, habe ich gehofft; ich werde nicht zuschanden werden auf ewig. Dein Erbarmen, Herr, komme über uns, wie wir auf Dich gehofft haben.
Entzifferung und Übersetzung durch Herrn Hubert Loeser/Münster

(83) Werner Krusche. *Gottes große Einladung.* Berlin 1982. S. 112

(84) Reinle. S. 208

(85) Nickel. *Deutsche romanische ...* S. 51

(86) In einer Chronik um 1600 heißt es:
'Die Äbtissin Agnes hat bei ihren Zeiten schöne Bücher mit ihren eigenen Händen geschrieben und hat sie mit Figuren schön illuminiert, in gleichen köstliche Teppiche mit ihren Jungfrauen gewürkt, so von 24 Schuh lang und 20 breit, darauf die ganze Philosophie gewürket und genähet war ... Und sind noch jetzo zu finden in der Stiftskirche und waren ausgebreitet auf dem hohen Chor.' Kugler. S. 75

(87) K. Klumpp. S. 161, 165

(88) Wilhelm Molsdorf. *Christliche Symbolik der mittelalterlichen Kunst.* Leipzig 1926. S. 216

(89) J. Flemming S. 547: Erzbischof von Sevilla (560-633) bezeichnet Justitia und Pietas als die höchsten Königstugenden. 'Die vornehmsten Tugenden des Königs sind zwei: Gerechtigkeit und Barmherzigkeit. Mehr aber wird an Königen die Barmherzigkeit gelobt, denn die Gerechtigkeit für sich allein ist hart.'

Literaturverzeichnis

Allgemein:

LThK = Lexikon für Theologie und Kirche. Herder-Verlag. 1957

LexMa = Lexikon des Mittelalters. Artemis Verlag. 1991

Angenendt, Arnold. *Geschichte der Religiosität im Mittelalter.* Darmstadt. Primus Verlag 1997.

Angenendt, Arnold. *Heilige und Reliquien.* Verlag C. H. Beck. München 1994

Brinkmann, Adolf. *Beschreibende Darstellung der älteren Bau- und Kunstdenkmäler des Kreises Stadt Quedlinburg.* Berlin 1992

Leopold, Gerhard / Flemming, Johanna. *Die Stiftskirche und die Wipertikirche in Quedlinburg.* Das christliche Denkmal Heft 37 / 37 A. Berlin 1988

Mrusek, Hans-Joachim. *Drei Deutsche Dome.* Verlag der Kunst. Dresden 1963

Ranke/Kugler. *Beschreibung und Geschichte der Schloßkirche und der in ihr vorhandenen Alterthümer.* Berlin 1838

Speer, Elisabeth. *Quedlinburg und seine Kirchen.* Berlin 1970

Voigtländer, Klaus. *Die Stiftskirche zu Quedlinburg.* Akademie-Verlag. Berlin 1989

Wäscher, Hermann. *Der Burgberg in Quedlinburg.* Berlin 1959

Wulf, Walter. *Romanik in der Königslandschaft Sachsen.* Zodiaque Echter-Verlag, Würzburg.

Zum Abschnitt 'Sprache der Steine':

Blankenburg, Vera von. *Heilige und dämonische Tiere. Die Symbolsprache der deutschen Ornamentik im frühen Mittelalter.* Koehler & Amelang-Verlag. Leipzig 1943

Nickel, Dr. Heinrich. *Untersuchungen zur spätromanischen Bauornamentik Mitteldeutschlands.* Wissenschaftliche Zeitschrift der Martin-Luther-Universität Halle-Wittenberg, Jahrgang III 1953/1954

Quinones, Ana Maria. *Pflanzensymbole in der Bildhauerkunst des Mittelalters.* Echter Verlag. Würzburg 1998

Sann, K.. *Sinnbild und Gestalt der Steinmetzkunst im Quedlinburger Dom.* August Hopfer-Druckerei Burg o. J.

Wilke, Heinz. *Die Ornamentik im Dom zu Quedlinburg.* o. J. Domarchiv

Wulff, Oskar. *Altchristliche und byzantinische Kunst.* Handbuch der Kunstwissenschaft

Zum Abschnitt 'Gewölbemalerei':

Demus, Otto. *Romanische Wandmalerei.* Hirner. München 1992. S. 92
Dinzelbacher/Bauer. *Religiöse Frauenbewegung und mystische Frömmigkeit im Mittelalter.* Köln - Wien 1988

Duby, Georges. *Eva und die Prediger.* Fischer-Verlag. Frankfurt 1998

Engel, Helmut. *Die Susanna-Erzählung.* Vandenhoeck & Ruprecht. Göttingen 1985, Orbis biblicus et orientalis 61

Haag, Herbert. *Grosse Frauen der Bibel.* Freiburg, Basel, Wien 1993

Kautzsch. *Die Apokryphen des AT Bd. 1.* Tübingen 1900

Nickel, Heinrich. *Mittelalterliche Malerei in der DDR.* VEB E. A. Seemann Buch- und Kunstverlag. Leipzig 1979

Riemann, Konrad. *Untersuchungen zur Technik und Farbigkeit mittelalterlicher Malerei und Stuckplastik* in: Denkmale in Sachsen-Anhalt S. 353 - 380. Verlag: Hermann Böhlaus Nachfolger. Weimar 1983

Schild, Wolfgang. *Bilder von Recht und Gerechtigkeit.* DuMont Buchverlag. Köln 1995

Schlosser, Hanspeter. *Die Daniel-Susanna-Erzählung in Bild und Literatur der christlichen Frühzeit.* Römische Quartalschrift Suppl. 30. 1965

Troescher, Georg. *Die Gewölbemalereien der Krypta der Schloßkirche in Quedlinburg* in: Sachsen und Anhalt 5. 1929. S. 347 - 365

Zum Domschatz und Knüpfteppich:

Effenberger, Arne. *Byzantinische Kostbarkeiten.* Ausstellungskatalog Bode-Museum. 1977

Flemming, Johanna. *Byzantinische Schatzkunst.* Berlin 1979

Flemming, Johanna. *Der spätromanische Bildteppich der Quedlinburger Äbtissin Agnes.* Jahrbuch der Historischen Kommission für Sachsen-Anhalt. Bd. 19. Weimar 1997

Nickel, Heinrich. *Deutsche romanische Bildteppiche.* Leipzig 1970

Heydenreuter, Reinhard. *Geraubt von Anfang an.* Ullstein 1995

Klumpp, Katharina. *Der Quedlinburger Teppich.* Dissertation phil. Halle 1969

Kötzsche, Dietrich. *Der Quedlinburger Schatz.* Ars nicolai. Berlin 1993

Mütherich, Florentine. *Das Quedlinburger Evangeliar.* Prestel-Verlag. München 1991

Reinle, Adolf. *Die Ausstattung deutscher Kirchen im Mittelalter.* Wiss. Buchgesellschaft. Darmstadt 1988

Wenzel, Hans. *Der Bergkristall mit der Geschichte der Susanna.* Pantheon 28,2 (1970). S. 364-372

Im gleichen Verlag erschienen:

Friedemann Goßlau
VERLOREN, GEFUNDEN, HEIMGEHOLT
Die Wiedervereinigung des Quedlinburger Domschatzes

ISBN 3-9806120-1-5   -   10,00 DM

„Eine Neuerscheinung, die sich so spannend liest wie ein Kriminalroman..."
Tangermünder Anzeiger Nov. 1996

„... ein preisgünstiges und wichtiges Dokument zur jüngsten Zeitgeschichte ... eine Broschüre, ohne die man Quedlinburg nicht verlassen sollte."
Peter Block, Presse-Druck und Verlags-GmbH Augsburg

Pfarrer i.R. Friedemann Goßlau schildert in diesem Buch die Geschichte der Rückführung des Quedlinburger Domschatzes aus seiner Sicht, der Sicht eines authentischen Zeugen. Als Pfarrer der Domgemeinde in den Jahren 1965 - 1992 zeichnete er verantwortlich als Kläger für die Herausgabe der in die USA entführten Domschatzteile. Es gelang - unter bis heute umstrittenen Umständen - kostbare Kunstwerke des frühen Mittelalters, die bei Kriegsende verschwunden waren, von Texas nach Quedlinburg zurückzuholen. Bis heute ist dies der bedeutendste Fall, daß in Deutschland 1945 geraubte Kunstwerke von hohem Rang an ihren alten Standort zurückkehrten. In 10 Kapiteln werden die z.T. dramatischen Vorgänge berichtet, die sich auf zwei Schauplätze verteilen: Whitewright in Texas und Quedlinburg. In der Sicht des Verfassers beginnt dieser moderne Domschatzkrimi mit dem Auftritt Himmlers in Quedlinburg anläßlich des 1000. Todestages von König Heinrich I. Die Rückführung der Domschatzteile geschah unmittelbar nach der Wende und konnte nur im Zeichen dieser einmaligen Sternstunde unseres Landes gelingen.

Edeltraud Lautsch-Eisold
ARIE VON DER SUPPENKELLE
Geklagt und gesungen
Frauen nach der Wende erzählen

ISBN 3-9806120-0-7   -   12,80 DM

Jenseits von Extremen und erstaunlich offen erzählen Frauen aus dem Osten Deutschlands von dem, was Historikern in den trockenen Begriffen ihrer Wissenschaft nur allzuleicht entgleitet.

Autorenkollektiv / Jürgen Westphal
DAS MODELL HALBERSTADT
Aus alten Wurzeln
zu neuem Leben

ISBN 3-9806120-6-6   -   34,80 DM

Neben der älteren Stadtgeschichte spiegelt der vorliegende Band den Aufbauwillen, den Fleiß und die Phantasie der Halberstädter Bürger in guten wie in schlechten Zeiten wider.

Hans Fischer
GEORGIUS AGRICOLA
Bilder aus dem Leben eines
großen deutschen Humanisten

ISBN 3-9806120-2-3   -   29,90 DM

Dem Begründer der wissenschaftlichen Mineralogie und der Bergbau- und Hüttenkunde, dem Arzt und Politiker wird in dieser fesselnden biografischen Erzählung ein Denkmal gesetzt.

Inge Eltze
**WO DER WALDKAUZ RUFT
UND DIE TROLLBLUME SINGT**
Erzählungen und Gedichte

ISBN 3-9806120-3-1   -   29,50 DM

Möge der Wanderer die gütigen Erdgeister spüren und die unsichtbaren Harzteufelchen nicht stören und lasse er sich entführen in die märchenhafte Traumwelt des Harzes.

Bestellungen über: CONVENT Verlag, Konvent 18, 06484 Quedlinburg
Telefon: 03946 - 515045 oder 77050 • Fax: 03946 - 515068 oder 770539